Andreas Bochmann

Praxisbuch Ehevorbereitung

Andreas Bochmann

Praxisbuch
Ehevorbereitung

Anregungen für Seelsorger
und Berater

BRUNNEN
VERLAG GIESSEN · BASEL

© 2004 Brunnen Verlag Gießen
www.brunnen-verlag.de
Umschlagbild: Klaus Ender, Rügen
Umschlaggestaltung: Ralf Simon
Satz: Die Feder GmbH, Wetzlar
Herstellung: St.-Johannis-Druckerei, Lahr
ISBN 3-7655-1331-8

Inhalt

Einführung

Durch Berichterstattung in den Medien ist „Ehevorbereitung" zu einem Begriff geworden, über den – endlich – auch im deutschsprachigen Raum ernsthaft nachgedacht wird. Was in manchen Ländern weit über den kirchlichen Bereich hinaus selbstverständlich ist und zum Teil sogar staatlich gefördert oder gar gefordert wird, fand in Deutschland bislang kaum Beachtung oder wurde bestenfalls als „exotische" und wenig bewirkende Aktivität bestaunt. Die scheinbar sehr viel grundlegenderen Diskussionen um Sinn und Unsinn der Institution Ehe inmitten gesellschaftlichen Wandels haben in den vergangenen Jahren und Jahrzehnten dazu beigetragen, den Blick auf die Ehe selbst zu verstellen. Dabei wurden steigende Scheidungszahlen als Argument für eine Infragestellung der Institution Ehe gewertet, nicht aber für eine Anfrage an die Art der Gestaltung und den Umgang mit der Ehe.

Diese merkwürdige Haltung ließe sich kaum auf einen anderen gesellschaftlich relevanten Bereich übertragen. Allein weil es Autofahrer gibt, die ihren Wagen gegen einen Baum fahren, würde die Erfindung des Autos und dessen Nutzung nicht in Frage gestellt. Vielmehr würde versucht, die Sicherheit des Autos zu erhöhen und Risiken zu mindern.[1] Dazu gehört eben auch ganz selbstverständlich eine möglichst optimale Schulung, bevor ein Mensch auf die Straßen gelassen wird.

Dieses Buch ist im Sinne jener Analogie ein Plädoyer für Ehevorbereitung. Ehevorbereitung wird Scheidungen genauso wenig verhindern,

---

[1] Natürlich führen steigende Unfallzahlen und andere schädliche Nebenwirkungen des privaten Autoverkehrs auch zu grundsätzlichen Diskussionen über „das Auto an sich" – zum Beispiel zugunsten eines öffentlichen Nahverkehrs. Insofern hinkt mein Beispiel, weil ich die Aufgabe des Individualverkehrs durchaus für bedenkenswert halte, nicht aber die Abschaffung der Institution Ehe.

wie Fahrschulen Verkehrsunfälle ausschließen. Doch kann sie – so meine zu belegende Annahme – ein erster Schritt sein, die Risiken bereits im Vorfeld zu minimieren. Dabei vertrete ich die längst nicht mehr selbstverständliche und deshalb ebenfalls zu begründende Position, dass die Minimierung der Risiken lohnt, ja sogar ein gesellschaftliches und keineswegs nur kirchliches Anliegen zu sein hat. Da „Ehevorbereitung" in unseren Breitengraden kaum auf überzeugende Traditionen zurückgreifen kann, ist es ein weiteres Anliegen dieses Buches, Konzepte für Ehevorbereitung anzudenken bzw. aus bereits bestehenden Erfahrungen anderer Länder, aber auch aus dem deutschsprachigen Raum vorzustellen.

Dabei gehe ich die Aufgabe als Sozialwissenschafter und als Praktiker an und stelle damit zugleich den Versuch zur Verfügung, gesellschaftlich relevante Themen interdisziplinär und integrativ zu betrachten. Dass ich auch Theologe bin und gerade den Kirchen und Freikirchen eine große gesellschaftliche Verantwortung (nicht nur) in Bezug auf die Ehe zurechne, die gegenwärtig zu wenig wahrgenommen wird, will ich nicht leugnen. Die Zielgruppe dieser Arbeit ist denn auch in erster Linie – jedoch keineswegs ausschließlich – die Gruppe der Seelsorger, seien es hauptamtliche Geistliche, seien es ehrenamtliche Mitarbeiter in Seelsorge und/oder Beratung. Sie sollen nicht nur angeregt werden, über Ehevorbereitung als abstraktes Konstrukt zu reflektieren, sondern auch Hilfestellung und Anregung erfahren, wie Ehevorbereitung im konkreten Vollzug aussehen kann, welche Ressourcen zur Verfügung stehen und welche Risiken solch ein Unterfangen birgt.

Das Buch soll dabei sowohl zum systematischen Eigenstudium als auch als Nachschlagewerk dienen. Für den ersten Zweck gibt es am Anfang eines jeden Kapitels eine *Vorübung*, die dazu einladen soll, eigene Positionen zum Thema zu reflektieren und die mögliche Diskrepanz zwischen Anspruch und Wirklichkeit zu messen. Es wirkt wenig überzeugend, Raucherentwöhnungs-Seminare mit einem gemütlichen Pfeifchen im Mundwinkel zu halten. Neben solchen keineswegs immer so offensichtlichen Missverhältnissen gibt es aber auch subtile, überhaupt nicht bewusste Haltungen und Einstellungen, die unser Denken und Fühlen und daraus resultierendes Reden und Handeln in Beratung und Seelsorge beeinflussen. Die Vorübung soll eine Anregung sein, sich diesen Aspekten zu stellen. Ohnehin halte ich es für unerlässlich, dass jeder Mensch, der seelsorgerlich oder beraterisch tätig ist, sich seiner eigenen Person mit allen Ecken und Kanten stellt. Dazu gehört neben der eigenen Beratungs-, Therapie- oder ähnlichen Form der Selbsterfahrung in jedem Fall kontinuierliche Supervision – auch über den Ausbildungskontext hinaus.[2] Die Vorübungen sind kein Ersatz dafür, sondern lassen bestenfalls die Notwendigkeit von fachlicher Begleitung der Arbeit erahnen. Dass für christlich orientierte Seelsorgerinnen und Seelsorger auch eine geistliche Beheimatung stattgefunden haben muss, setze ich hier voraus.

Die *Hinführung* erläutert Sinn und Zweck der Vorübung und gibt weitere Anregungen zur eigenen Bearbeitung des Themas. Im *Hauptteil* werden dann Hinweise zur Ehevorbereitung mit Blick auf das jeweilige Thema gegeben. Dabei werden Forschungsergebnisse ebenso mit einbezogen wie klinische Erfahrungen. Benutzt man das Buch zum systematischen Eigenstudium, ist die Kapitelfolge nicht zwingend. Es wird aber empfohlen, jedes Kapitel von Anfang bis Ende durchzuarbeiten. Wird das Buch als Nachschlagewerk für die Ehevorbereitung verwendet, ist der Hauptteil die direkteste Informationsquelle.

Ziel des Buches ist es, Hilfestellung zum Erhalt von Ehen zu geben. Die präventiven Möglichkeiten der Hilfe setzen – so die Prämisse dieses Buches – bereits vor der Eheschließung ein und können in Form von „Ehevorbereitung" angeboten werden. Persönlich bin ich davon überzeugt, dass sich die Mühe gelohnt hat, selbst wenn nur eine einzige Scheidung dadurch verhindert würde, sei es, weil ein Paar besser auf Schwierigkeiten vorbereitet ist, sei es, weil sich ein Paar entscheidet, seine Beziehung vor der Ehe zu beenden.

Friedensau, im Frühjahr 2004   Andreas Bochmann

---

[2] Supervision für den Bereich Eheberatung wird u. a. angeboten durch Mentoren der EKFuL (Dietrich-Bonhoeffer-Haus, Ziegelstr. 30, 10117 Berlin) und durch Familientherapeutische Institute. Supervisoren, die Mitglied in der DGSv (http://www.dgsv.de) sind, nicht unbedingt auf Eheberatung spezialisiert, haben aber eine einheitlich hochqualitative Ausbildung.

Teil I
Theoretische Grundlagen

1. Ehevorbereitung – warum?

Vorübung

Nehmen Sie sich einen Augenblick Zeit und denken Sie über Ihre eigene Ehe nach. Wenn Sie nicht verheiratet sind, wählen Sie die Ehe von nahen Angehörigen (Eltern, Geschwistern, guten Freunden). Reflektieren Sie folgende Fragen:

- Gab es eine „Ehevorbereitung"?
- Wenn ja, welche Erinnerungen – Gedanken und Gefühle – sind für mich damit verbunden?
- Wenn nein, wäre sie wünschenswert gewesen?
- Was hat/was hätte die Ehevorbereitung bewirkt?

Nach meiner Erfahrung wirken solche Reflexionen nachhaltiger, wenn Sie Ihre Einfälle schriftlich „festhalten", also ein paar Notizen machen oder gar „Tagebuch" führen. Das ist kein großer Aufwand, aber beinhaltet einen großen Nutzen für Sie: Was Sie aufschreiben, gewinnt konkretere Gestalt und ist auch später noch einmal abrufbar. So können Sie auch eigene Entwicklungsprozesse in Ihren Gedanken verfolgen.

Hinführung

Vor einiger Zeit lief ich an einem christlichen Altenheim entlang. Aus einem der Fenster eines offenbar schwerhörigen Bewohners drang ein Vortrag – vermutlich von Kassette. Eine Frau, die wie eine Fürsorgerin der 50er Jahre in grauem Kostüm klang, referierte mit strenger, wissender Stimme: „Die Ehe ist eine ernste Angelegenheit." Sie fuhr

dann fort, von der „schweren Schule der Nächstenliebe" zu reden ...
Ich lief schnell weiter! Solche wohlmeinenden und sachlich vielleicht
sogar richtigen Vorträge als Ehevorbereitung anzubieten, kann eigentlich nur der Abschreckung dienen.

Als wir heiraten wollten, haben meine Frau und ich Ehevorbereitung
in Anspruch genommen. Unser Seelsorger mühte sich nach besten
Kräften – er hatte so etwas noch nie gemacht – und lernte dabei, glaube
ich rückblickend, mehr über das Thema „Ehevorbereitung" als wir
über die Ehe. Was sollte er auch einem jungen Mann sagen, der mit
einer allein erziehenden Mutter aufgewachsen war und sich Sorgen
machte, wie sich das Fehlen des Modells „Ehe" und des Vorbildes
„Vater" auf seine eigene Beziehung auswirken würden? Ein Stück
Gelassenheit hat er durchaus vermitteln können. Doch ist auch diese
Erfahrung nicht frei von Ambivalenzen ...

Die Liste ließe sich fortsetzen. Vielleicht hat die Vorübung sogar einige
Beispiele aus dem eigenen Erleben beigesteuert. Was ist und will
„Ehevorbereitung" überhaupt? Handelt es sich um eine religiöse
Pflichtübung? Geht es um eine neue Art von psychotherapeutischer
Maßnahme? Gehört Ehevorbereitung dem Bereich der Pädagogik
zugeordnet? Oder handelt es sich schlicht um eine vorübergehende
Modeerscheinung mit Verdienstmöglichkeiten für Frauenzeitschrif-
ten? Allein schon diese Vielzahl von Möglichkeiten verdeutlicht die
Notwendigkeit, zunächst einmal eine solide Begründung für „Ehevor-
bereitung" zu geben.

Hauptteil

Es ist eine Binsenweisheit, dass die Scheidungszahlen in den letzten
Jahrzehnten kontinuierlich gestiegen sind und in Deutschland derzeit
bei etwa 50% liegen – Tendenz steigend. Die theoretische Diskussion,
ob die Form dieser Statistik (hier das Verhältnis zwischen jährlichen
Eheschließungen und Ehescheidungen) die bestmögliche oder überhaupt zulässig ist, halte ich im Hinblick auf das Thema für wenig relevant, denn der Trend ist unabhängig von der Darstellungsmethode
unbestritten: Es gibt immer weniger lebenslang haltende Ehen. Wurden nach Angaben des Statistischen Bundesamtes 1999 in Deutschland
noch 430.674 Ehen geschlossen und „nur" 190.590 geschieden, waren

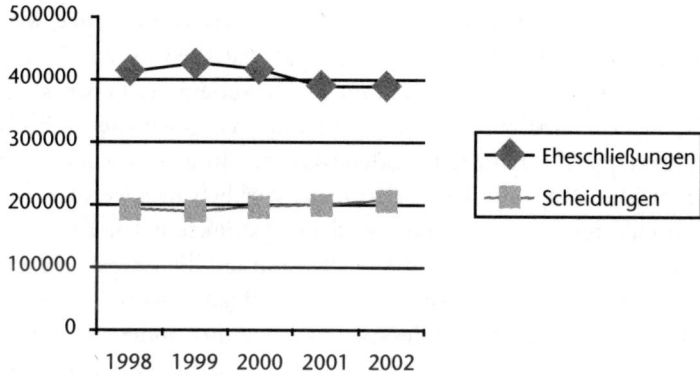

Datenquelle: Statistisches Bundesamt

es im Jahr 2000 nur noch 418.550 Eheschließungen, aber 194.408 Scheidungen. Im Jahr 2001 erreichte dieser langjährige Trend einen spektakulären Höhepunkt, über den praktisch alle Massenmedien berichteten, als das Verhältnis Ehescheidungen (197.498) zu Eheschließungen (389.591) erstmalig über 50% lag. Im Jahre 2002 lag das Verhältnis bereits bei 52%. Von den Scheidungen waren 1992 „nur" 101.377 minderjährige Kinder betroffen. Im Jahre 2002 waren es 160.095.

Konsequenzen aus der Scheidungsrate

Nun lässt sich ja aus mancher Not eine Tugend machen. Wurde Scheidung einmal als Makel oder doch zumindest als bedenklich beschrieben, stand sie später oft für Emanzipation, Selbstverwirklichung und Freiheit. Die Institution „Ehe" wurde in Frage gestellt und durch bindungsärmere Formen der Lebensabschnitts-Partnerschaft ersetzt. Über negative Scheidungsfolgen – die ja trotz aller Euphemismen keineswegs geringer werden – wird ebenso wenig diskutiert wie über den fehlenden Nachweis, dass die neuen Formen mehr Zufriedenheit produzieren würden. Dies mag als ein typisches Beispiel dafür gelten, wie gesellschaftspolitische Haltungen, oft gefördert und beeinflusst von den Massenmedien, faktische Erkenntnisse über Zusammenhänge ausblenden.

Aus der Scheidungsforschung ist inzwischen hinreichend bekannt, welche Folgen der Zerbruch einer Partnerschaft hat: Lebensqualität und Lebenserwartung nehmen ab, bei Frauen sinkt zudem der Lebensstandard (so viel zur Emanzipation!), selbst Kinder aus geschiedenen Ehen tragen gravierende Langzeitschäden davon.[3] Immer wieder wird behauptet, die Langzeitfolgen seien nicht wirklich nachweisbar und wären mindestens genauso gravierend in dysfunktionalen Familien. Das klingt so ein bisschen wie die Diskussion um die Frage, ob Rauchen Lungenkrebs verursache. Die Tabakindustrie hatte sich über Jahrzehnte gegen entsprechende Vorwürfe gewehrt, indem sie (übrigens völlig korrekt) darauf hinwies, dass Studien lediglich einen Zusammenhang zwischen Rauchen und Krebs feststellen konnten, den Nachweis von Ursache und Wirkung jedoch schuldig blieben ... Ohne vereinfachen zu wollen, muss doch deutlich festgehalten werden, dass jeder, der mit der Scheidungsproblematik umgeht, die Destruktivität von Scheidungen kennt. Dass es auch andere Formen von Destruktivität und Dysfunktionalität gibt, ist natürlich genauso richtig wie die Möglichkeit, auch als Nichtraucher an Lungenkrebs zu erkranken. Wenn dies aber so ist, bleiben m. E. nur zwei Optionen: entweder die Ehe wird grundsätzlich verworfen, oder Bemühungen um die Stabilisierung der Institution Ehe werden verstärkt.

Konsequenzen aus Veränderungen im Eheverständnis

Dabei definiere ich „Ehe" keineswegs im bismarckschen Sinn als standesordnende, durch Trauschein zu legitimierende Lebensgemeinschaft, sondern erkenne an, dass die Form der Ehe zwischen den Kulturen variiert und innerhalb einer Kultur wandelbar ist. Gerade die jüngere Gesetzgebung zu „Ehe" und „Lebenspartnerschaft" macht deutlich, wie sich gesellschaftspolitische Vorstellungen verändern. Als kulturübergreifenden „gemeinsamen Nenner" verstehe ich unter Ehe

---

[3] Für eine Zusammenfassung aktueller Ergebnisse siehe Erben in: Bochmann/van Treeck (Hg.), *Ehescheidung und Wiederheirat*, Theologische Hochschule Friedensau, 2000.

die öffentlich und verbindlich gemachte, auf Dauer angelegte Gemeinschaft zweier heterosexueller, selbständiger Menschen.⁴ Hier folge ich
dem jüdisch-christlichen Verständnis, wie es an verschiedenen Stellen
der Bibel beschrieben wird (siehe dazu Kap. 2).

Das Konstrukt „Ehe" grundsätzlich verwerfen zu wollen, mag einer
Loslösung von kirchlichen Traditionen, insbesondere moralisierender
Engführungen, wie der oft unterstellten, aber theologisch längst nicht
mehr aufrechterhaltenen Leibfeindlichkeit entspringen, oder auch
einem anders zu begründenden Bedürfnis nach weniger Bindung.
Eine überzeugende Alternative wurde indes nicht vorgelegt. Insbesondere die „sexuelle Revolution", die in der 1968er „Kommune 1"
radikale Alternativen anbot und möglich machte („wer zweimal mit
derselben pennt, der ist schon vom Establishment"), wirkt aus heutiger Sicht geradezu naiv. Ich halte es aufgrund von Beratungserfah-
rungen sogar für möglich, dass zwischen der „sexuellen Revolution",
die der Gesellschaft eine „Befreiung" aufoktroyierte, die sie eigentlich
überforderte, und dem Thematisieren von sexuellem Missbrauch eine
Generation später, ein Zusammenhang bestehen könnte.⁵ Dann wäre
die Ablehnung des Konstruktes „Ehe" nicht nur naiv, sondern sogar
höchst bedenklich. Auch andere Formen der Auflösung der Ehe (z. B.
„Ehe auf Zeit") haben keine nachweislichen Erfolge gebracht.
Wenngleich ein Argument aus Abwesenheit nicht besonders stark ist,
scheint die Option, die Ehe zu stärken, attraktiver. Wenn verheiratete
Menschen tatsächlich länger leben und gesünder sind, reicht diese Tatsache aus, wenn nicht aus ethischen (obwohl die Ablehnung solcher

---

⁴ Auf die Diskussion homosexueller Partnerschaften einzugehen, würde den Rahmen
dieses Buches sprengen. Bedauerlich fände ich es allerdings, wenn die Nennung
des Begriffes „heterosexuell" in einer Definition wie dieser als homophobische
Abwehr missverstanden würde. Der psycho-sozialen, gesellschaftlichen, politischen
und auch theologischen Komplexität des Themas Homosexualität würde man
nicht gerecht werden, bezöge man sie ohne ausführliche und explizite Reflexion mit
ein.

⁵ Mir sind z. B. eine Reihe von Fällen bekannt, in denen gegenüber Kindern
die „Natürlichkeit" von Nacktheit so ausdrücklich betont wurde, dass die
Entwicklung des eigenen Schamgefühls nachhaltig gestört wurde, weil gerade
die Betonung der „Natürlichkeit" den Kindern eine Unstimmigkeit vermit-
telte.

Argumente blankem Zynismus gleichkäme), so doch wenigstens aus volkswirtschaftlichen Überlegungen, an dieser Stelle zu „investieren". Für mich sind jedenfalls die sozialwissenschaftlichen Ergebnisse ausschlaggebender als zunächst überzeugend klingende politisch korrekte Argumentationsketten.

Plausibilität von Ehevorbereitung

Selbst wenn Einigkeit darüber besteht, dass eine Stärkung der Institution „Ehe" lohnt, ist damit noch nicht „Ehevorbereitung" als entsprechender Weg angezeigt. Zuvor sind zwei weitere Schritte zu belegen. Zum Ersten ist Ehevorbereitung nur relevant, wenn Probleme sich früh genug abzeichnen, um bereits vor der Ehe intervenieren zu können. Ist nicht gerade die Abwesenheit von Problemen Kennzeichen bei verliebten Paaren? Es ist keineswegs selbstverständlich oder *common sense*, dass Ehevorbereitung relevant und zielgerichtet künftige Probleme bearbeiten könnte. Zum Zweiten muss gewährleistet sein, dass die Interventionen tatsächlich wirksam sind. Beide Schritte halte ich für nachgewiesen, wenn auch weithin wenig bekannt. Sie werden in diesem Buch ausführlich behandelt.

Eheprobleme sind tatsächlich schon frühzeitig erkennbar. David Olson und John Gottman, zwei der bedeutendsten amerikanischen Forscher im Bereich Paartherapie, belegen unabhängig voneinander und mit sehr unterschiedlichen Verfahren bei hoher Treffgenauigkeit (über 90%) Kriterien für das Scheitern bzw. das Gelingen einer Ehe. Gottman behauptet sogar, wenn auch als Therapeut und aus ethischen Gründen ein wenig augenzwinkernd, den ungefähren Zeitpunkt einer Trennung prognostizieren zu können. Die verwendeten Kriterien sind schon vor der Ehe messbar. Fowers, Montel und Olson verdeutlichten 1996 mit einer Studie an 393 Paaren gleich mehrere Punkte, die in diesem Buch diskutiert werden sollen. Deshalb stellen wir einige Ergebnisse aus dieser Studie tabellarisch auf der nächsten Seite dar.

Erschreckend mag sein, dass nur die Hälfte der vitalen Paare aus der Ehevorbereitung nach drei Jahren eine glückliche Ehe führen. Selbst gute Voraussetzungen und Ehevorbereitung sind keine Garantie für „Glück". Doch wie eingangs gesagt, sind Fahrschulen auch keine Garantie für unfallfreies Fahren. Das ist kein Grund für den Verzicht

		nach 3 Jahren		
		glücklich verheiratet	unglücklich verheiratet	getrennt oder geschieden	Ehe nicht geschlossen
in der Ehevorbereitung	vitale Paare	51 %	20 %	15 %	15 %
	harmonische Paare	28 %	22 %	19 %	24 %
	traditionelle Paare	23 %	34 %	11 %	32 %
	gespannte Paare	11 %	19 %	34 %	37 %

Die Einteilung „vitale Paare" – „gespannte Paare" beschreibt eine Typologie, die statistisch (clusteranalytisch) aus Daten von PREPARE ermittelt wurde. Dabei hatten „vitale Paare" insgesamt die besten und „gespannte Paare" die schlechtesten Werte.

auf Fahrschulen. Die Konsequenz kann nur lauten: Ehe erfordert kontinuierlichen Einsatz – und zwar von Anfang an. Deshalb dieses Plädoyer für Ehevorbereitung.

Wenn man die Forschungsergebnisse ernst nimmt, müsste man allerdings auch konsequent vor vielen Eheschließungen warnen – auf die Gefahr hin, ein Paar in der Fehlermarge (die berühmte Ausnahme, die die Regel bestätigt) zu Unrecht zu treffen. In der oben zitierten Studie liegt der Wert bei gespannten Paaren, die entgegen der statistischen Erwartung doch glücklich werden, bei knapp 11 %. Dabei ist davon auszugehen, dass sich fast jedes Paar für die Ausnahme halten wird, wenn die Verliebten zu Bedacht gemahnt werden. Deshalb scheint mir eine solche Strategie wenig Erfolg versprechend. Alternativ empfehle ich Ehevorbereitung, die ohne den Makel: „Wir sind ein Problempaar", allen Paaren, die sich auf einen solchen Prozess einlassen, anbietet, sich mit Stärken, aber auch Wachstumsbereichen[6] der Beziehung auseinander zu setzen. Genau darum geht es in diesem Buch.

---

[6] Der Begriff „Wachstumsbereich" wurde vom Instrumentarium PREPARE/ ENRICH übernommen und stellt nicht einfach einen Euphemismus für „Schwäche" dar, sondern ist eine konzeptionelle Fokusverschiebung, hin zu einer klaren Ressourcenorientierung.

Ehevorbereitung ist dabei keineswegs ein psychotherapeutisches Anliegen. Zumindest von der Wortbedeutung (und zumeist auch in der Praxis) setzt Psychotherapie eine Krankheit oder Störung voraus. Heiraten zu wollen fällt wohl nicht in diese Kategorie (obwohl manche am Verstand der Verliebten zweifeln). Deshalb ist es auch problematisch, Ehevorbereitung allzu sehr zu „psychologisieren" und damit Partnerschaft an sich *de facto* zu pathologisieren. Vielmehr lässt sich Ehevorbereitung als „psycho-edukativer" Prozess beschreiben. Es geht um ein pädagogisches Anliegen unter Einbeziehung von Erkenntnissen aus der Psychologie, wie auch anderen Sozial- und Geisteswissenschaften (nicht zuletzt der Theologie!). Gerade deshalb gehört Ehevorbereitung in die Hand von Fachleuten im Bereich Seelsorge und Beratung, die mehr und mehr als eigenständige Profession in Erscheinung treten.[7]

Wirksamkeit der Ehevorbereitung

Wie wirkungsvoll Ehevorbereitung tatsächlich ist, muss für den deutschsprachigen Raum künftiger Forschung überlassen werden.[8] Für die Vereinigten Staaten von Amerika liegen jedenfalls ermutigende Ergebnisse vor.[9] In einer Ergebnisstudie von Olson und Kollegen wurden Paare in der Ehevorbereitung in drei Gruppen eingeteilt. Die erste Gruppe (59 Paare) durchlief ein komplettes Ehevorbereitungsprogramm, bestehend aus einer Bestandsaufnahme (PREPARE)

---

[7] In Deutschland wird mit Hochdruck an einer Gesellschaft für Beratung gearbeitet, die genau diesen Ansatz vertritt. Auch innerhalb der evangelikalen Seelsorgebewegung setzen sich Begriffe wie „seelsorgerlicher Lebensberater" oder „Sozialberater" durch. Die „Bildungsinitiative für Prävention, Seelsorge und Beratung" ist ein klassisches Beispiel für das „Heraustreten aus dem Schatten der Psychotherapie" (Nestmann).

[8] Es gibt eine Reihe Forschungsergebnisse zu EPL („Ein partnerschaftliches Lernprogramm"; siehe Kap. 17), die sehr positiv sind, jedoch nicht immer explizit „Ehevorbereitung" im Blick haben und sich auf den Bereich kommunikativer Fähigkeiten beschränken.

[9] Brown (1992) zeigt allerdings sehr deutlich auf, dass nicht jede Form der Ehevorbereitung gleichermaßen erfolgreich ist. In der Literatur scheinen „skill" orientierte, also Fähigkeiten ausbildende und stärkende Verfahren am hoffnungsvollsten.

und vier Beratungssitzungen mit einem Seelsorger oder Berater. Die zweite Gruppe (27 Paare) füllte nur die Bestandsaufnahme zur Ehevorbereitung aus, durchlief aber erst nach der Studie das Ehevorbereitungsprogramm. Die dritte Gruppe (48 Paare) diente als Kontrollgruppe. Während es bei der Kontrollgruppe keine Veränderungen gab, verbesserte allein die Bestandsaufnahme (zweite Gruppe) zahlreiche Werte der Paarzufriedenheit erheblich. Bei der ersten Gruppe waren die Verbesserungen so deutlich, dass über die Hälfte der Paare sogar mindestens eine Stufe in der Paartypologie „aufstieg". Für die vierstufige Paartypologie (gespannte, traditionelle, harmonische, vitale Paare), die Olson in der Studie verwendete, konnte bereits in einer Langzeitstudie nachgewiesen werden, dass die eheliche Zufriedenheit (bzw. auf der anderen Seite Trennung, Scheidung oder unglückliches Zusammenbleiben) drastisch steigt, je „höher" die Stufe in der Paartypologie ist (siehe Tabelle).

Die Ergebnisse dieser Studie sind beeindruckend. Schon ein Ehevorbereitungsprogramm mit insgesamt fünf Sitzungen, durchgeführt von Seelsorgern, Beratern oder Therapeuten, kann demnach die Scheidungswahrscheinlichkeit drastisch senken![10] Solche und ähnliche Studien zu ignorieren, hieße, einfache und effektive präventive Hilfsmöglichkeiten für Menschen außer Acht zu lassen und stattdessen einen weiteren Anstieg von Scheidungszahlen zu riskieren, zu einem Preis (für den Einzelnen und die Gesellschaft), der den der Ehevorbereitung um ein exorbitant Vielfaches übersteigt.

Zusammenfassung

In dem Maße, wie *Ehe* als öffentlich verankerte, verbindliche und dauerhafte Partnerschaft zweier heterosexueller Menschen grundsätzlich gewollt ist, macht Ehevorbereitung Sinn. Sie ist sinnvoll, weil sie Menschen nachweislich hilft, den Erfolg einer Ehe zu sichern und die Häufigkeit von Scheidung, mit all dem damit verbundenen Leid, zu redu-

---

[10] Etwa 60% der an der Studie beteiligten PREPARE-Berater waren übrigens Geistliche ohne spezielle therapeutische Ausbildung, 16% waren professionelle Berater, 10% Paartherapeuten, die restlichen hatten entweder Mehrfachausbildungen oder waren Laienseelsorger.

zieren. Das ganz persönliche Glück der Partner ist gut, förderungs- und schützenswürdig. Ehevorbereitung ist aber auch deshalb so wichtig, weil sie die Auseinandersetzung mit dem Thema „Ehe und Partnerschaft" fordert und fördert. Wer den „Wertezerfall" konstatiert (der eigentlich eine Werteverschiebung ist) und das Auseinanderbrechen von Staat und Gesellschaft beobachtet, sollte sich nicht allein mit Jammern begnügen, sondern konstruktiv nach Lösungen suchen. Ehevorbereitung als Prävention steht nicht im anachronistischen Gegensatz zur heutigen Zeit, sondern ist eine Not wendende Antwort auf unbefriedigende Entwicklungen der Postmoderne (siehe auch Lambert, 2003).

2. Theologische Überlegungen zu Ehe und Ehevorbereitung

Vorübung
Schreiben Sie Ihre Definition von Ehe auf ein Blatt Papier. Untersuchen Sie Ihre Definition auf implizite und explizite theologische Aussagen und Prämissen. Beantworten Sie sich dann folgende Fragen:

- Welche Konsequenzen hat mein Verständnis von Ehe für Eheseelsorge, -beratung und Ehevorbereitung?
- Wie relevant sind meine theologischen Grundeinsichten für die Praxis von Eheberatung und Ehevorbereitung?
- Mit welchen Empfindungen und Reaktionen müsste ich bei einem heiratswilligen Paar rechnen, dem ich diese Definition vorlegen würde?

Betrachten Sie Ihre Definition nun noch einmal und überlegen Sie, ob Sie etwas daran verändern wollen. Nehmen Sie sich gegebenenfalls die Zeit, es zu tun.

Hinführung

„Ehe", so die kürzeste Definition, die ich je gehört habe, sei ein Akronym für das lateinische Sprichwort: *„Errare humanum est."* Das mag für viele Ehen stimmen, eine besonders motivierende Definition ist es allerdings nicht. Auch widerspricht die implizite Prämisse – Ehen sind eigentlich zum Scheitern verurteilt – meinem theologischen Grundverständnis, nach dem Ehen als gelingende Form der Lebensgestaltung gedacht sind. So regt das Wortspiel um die Ehe nicht nur zum Schmunzeln an, sondern macht deutlich, weshalb eine gründliche, für Seelsorger auch theologische Denkarbeit am Anfang der Auseinandersetzung mit Ehe und Ehevorbereitung zu stehen hat.

Wenn Sie mit meinen theologischen Überlegungen nicht übereinstimmen, sei es, weil Sie sich nicht als Christ verstehen, andere theologische Einsichten vertreten oder weil Sie Theologie in diesem praktischen Lebensbereich für irrelevant halten, lade ich Sie dennoch ein, sich mit den Ideen und Konzepten auseinander zu setzen. Zum einen, hoffe ich, regt eine solche Auseinandersetzung an, zum anderen rechne ich damit, dass Ihnen auch Paare begegnen, die eine andere Theologie oder Weltanschauung vertreten als Sie selbst. Das Folgende ist für solche Gelegenheiten eine gute Übung. Das gilt natürlich auch für Leserinnen und Leser, die keine Probleme mit den theologischen Konzepten sehen.

Hauptteil

Über die Ehe theologisch nachzudenken, ist ein vielfältiger und vielschichtiger Prozess. So werden Fragen des hermeneutischen Vorverständnisses berührt. Gibt es überhaupt *die* Ehe in der Bibel, angesichts des kulturgeschichtlichen Wandels (wie steht es z. B. mit der Polygamie als moralischer Pflicht bei der so genannten Leviratsehe?). Auch die Ebenen, die theologisch reflektiert werden, müssen bedacht werden. So wird „Ehe" in der Bibel häufig symbolisch und als Analogie gebraucht, was beispielsweise in der kirchengeschichtlichen Diskussion um das Buch Hoheslied besonders spannende Auswirkungen hatte. Aber auch der Begriff der „Bundestheologie", der gerne auf die Ehe angewandt wird, hat weitreichende Implikationen, die über das Ziel dieser Arbeit hinausgehen.[11] Mit anderen Worten, es ist wohl kaum möglich und auch nicht beabsichtigt, in einem einzigen, kurzen Kapitel eine Theologie der Ehe oder der Ehevorbereitung erschöpfend darzulegen. Zum Anstoß einer Diskussion mag es aber reichen.

Zum Ehebegriff

Der Schlüsseltext im Sinne einer systematischen Theologie zu einem biblischen Verständnis der Ehe ist in meinen Augen 1. Mo. 2,24: „Darum wird ein Mann seinen Vater und seine Mutter verlassen und seiner Frau anhangen, und sie werden sein ein Fleisch." Dieser Text ist nicht zuletzt deshalb so bedeutsam, weil er im Neuen Testament dreimal zitiert wird.[12] Nicht nur die Quantität fällt dabei auf (mir ist kein anderer Text bekannt, der im Neuen Testament so häufig zitiert wird), sondern auch die Tatsache an sich. Das Thema war für die junge christliche Gemeinde offensichtlich von erheblicher Relevanz. Der Text selbst deutet einen Dreischritt an, der „Ehe" konstituiert:

- Vater und Mutter verlassen.
- Seiner Frau „anhangen".
- Ein Fleisch werden.

Vater und Mutter verlassen

Wenn es stimmt, dass in der israelitischen Kultur Ehen im Familienumfeld der Männer blieben – also Frauen Vater und Mutter verließen, um zu heiraten, Männer aber nicht, dann hat der erste Schritt eine besonders nachhaltige Brisanz. Selbst wenn man den Aufruf an die Männer – statt an Männer *und* Frauen – als kulturbedingt deutet, kann es nur um eine *innere Haltung* gehen, wenn es der Kultur fremd war, dass Männer buchstäblich von zu Hause wegzogen. Diese innere Haltung ließe sich modern mit „Unabhängigkeit" oder besser „Selbständigkeit" wiedergeben. Selbständigkeit beinhaltet ein gewisses Maß an

---

[11] Eine knappe, aber sehr anschauliche Zusammenfassung protestantischer Positionen des 20. Jahrhunderts zum Thema Eheverständnis präsentiert Harder (2003) in seiner Examensarbeit.

[12] Mt. 19,5.6; 1. Kor. 6,16; Eph. 5,31.

Identitätsfindung, wirtschaftlicher Unabhängigkeit und innerer Freiheit von den Eltern. Wenn dieser erste Schritt konstituierend für eine Ehe ist, müssten viele Ehen hinterfragt werden. Allzu häufig (gerade in manchen christlichen Kreisen) ist keine wirkliche Unabhängigkeit von den Eltern oder Selbständigkeit bei Heiratswilligen festzustellen.

Seiner Frau anhangen

Seiner „Frau anhangen" – erst die revidierte Lutherbibel von 1984 in neuer Rechtschreibung benutzt nicht mehr die altertümliche Terminologie „Weib" – bedeutet mehr als „anhänglich" sein. Es beinhaltet sprachlich ein Fest-aneinander-Kleben, ein Unauflöslich-verbunden-Sein und impliziert eine deutlich sichtbare, klare Veränderung gegenüber dem Zustand vorher. Gerade wenn der deklaratorische Charakter des Bibeltextes berücksichtigt wird, heißt sichtbar eben auch öffentlich. Wenngleich der öffentliche Akt der Hochzeit, das Bekenntnis zum Partner, kulturell unterschiedliche Ausprägungen erlebt hat, scheint er aber zu allen Zeiten und in allen Kulturen vorhanden und konstituierend für die Ehe gewesen zu sein. Die Eheschließung oder Hochzeit gehört zu den universellen Übergangsritualen, die einen neuen Lebensabschnitt signalisieren.[13] Der Verzicht auf solche Rituale ist – jenseits von moralischen Erwägungen, ob eine nicht öffentlich deklarierte Partnerschaft einer Ehe gleichzustellen ist – eine Verarmung des Menschen. Die Behauptung, Bindungslosigkeit bedeute Freiheit, kommt einem Euphemismus gleich, der eine solche Verarmung (oft gekoppelt mit einer inneren Vereinsamung und Verunsicherung) schönzureden sucht.[14]

---

[13] Diese Annahme wird nicht von allen geteilt, doch hängt viel vom Verständnis des Begriffes „Ritual" ab. Selbst das scheinbar unmittelbare „Ins-Zelt-der-Mutter-Führen" (1. Mo. 24,66) der Rebekka durch Isaak hat gerade in der expliziten Beschreibung einen rituellen Charakter: „Er überträgt ihr die Herrschaft über das Haus" (Bräumer, 1987, S. 242). Auch die vorausgehende Verschleierung der Rebekka weist auf ein Ritual.

[14] Man denke nur an die Entwicklung in der Wirtschaft. Feste Angestelltenverhältnisse werden mehr und mehr durch Zeitverträge ersetzt, die von den Arbeitgebern als große Freiheit und Flexibilität gepriesen, von den Arbeitnehmern aber als ständige Bedrohung erlebt werden. Gewerkschaften jedenfalls sind von dieser „Freiheit" kaum begeistert ...

Ein Fleisch sein

Der dritte Schritt in dem Bibeltext, „ein Fleisch sein", wird um einer (angeblichen) Ganzheitlichkeit willen gerne entsexualisiert. Natürlich bedeutet „ein Fleisch sein" mehr als die Verbindung von Genitalien. Jedoch darf das „mehr" nicht über die primäre Bedeutung hinwegtäuschen – aus mehreren Gründen: Die Reihenfolge der Schritte ist keineswegs unwesentlich. Der Geschlechtsverkehr ohne Bindung und ohne vorherige Selbständigkeit ist aus biblischer Sicht weder „Ehe" (wie manche junge Erwachsene gerne behaupteten, wenn sie im Grunde gegen ihre eigenen Wertmaßstäbe verstießen) noch unproblematisch (siehe dazu Kap. 10). Auf der anderen Seite gibt es aber ein eindeutiges Mandat zur Sexualität – sowohl in diesem Text also auch bereits in 1. Mo. 1,28.[15] Das Neue Testament bestätigt dieses Mandat explizit, z. B. in 1. Kor. 7,3–5 – pikanter Weise ausgerechnet von Paulus, dem so gerne Frauen-, Körper- oder Ehefeindlichkeit vorgeworfen wird.

Kein Mandat kann ich hingegen in der Bibel für eine Aufgabe des Selbst oder der Persönlichkeit zugunsten der Ehe finden, wie man ja annehmen könnte, wenn das „Ein-Fleisch-Werden" im Sinne einer solchen ganzheitlich-personalen Einheit verstanden würde. Im Gegenteil werden Ehemänner und Ehefrauen durchaus der Realität entsprechend oft als sehr eigenständig und nicht „ineinander aufgehend" geschildert (z. B. Spr. 31,10–31).[16] Deshalb scheint mir eine Entsexualisierung des Begriffes „ein Fleisch" problematisch.

---

[15] Die Fragestellung, ob hier Sexualität ausschließlich zur Zeugung von Kindern propagiert wird, ist sekundär (und lässt sich u. a. durch das Hohelied leicht beantworten). Primär ist zu konstatieren, das es sich hier – zumal *In-vitro-Fertilisation* damals unbekannt war – um eine unmissverständliche Aufforderung zum Geschlechtsverkehr handelt.

[16] Geradezu tragisch ist aus dieser Sicht der amerikanische Brauch, bei einer Hochzeit mit zwei Kerzen als Repräsentanten des Brautpaares eine gemeinsame neue Kerze zu entzünden, wenn anschließend die beiden Einzelkerzen ausgepustet werden. Treffender – und inzwischen häufiger – ist es, neben der Neuen die beiden „ursprünglichen" Kerzen brennen zu lassen.

Konsequenzen

Wenn dieser Ansatz stimmt, sind aus theologischer Sicht Kennzeichen der Ehe weder das „Zusammenleben" noch ein – in Deutschland seit Bismarck bestehender – Trauschein, sondern eine Sequenz von Schritten, die jeder für sich bedeutsam sind und einer Abfolge bedürfen. Ich betone dies so, weil neben dem Thema Ehescheidung und Wiederheirat die Frage nach Beginn und Form der Ehe zu den hoch kontroversen Themen in Kirchen und Freikirchen gehört. Das „Zusammenleben ohne Trauschein" ist eine gesellschaftlich so akzeptierte Lebensform geworden, dass selbst der Gesetzgeber eine immer größere Angleichung unterschiedlicher Partnerschaftsmodelle ermöglicht. Ob dabei der klassische „Trauschein" auf lange Sicht überleben wird, bleibt abzuwarten. Wenn Christen der Beliebigkeit und Wandelbarkeit pluralistischer Möglichkeiten etwas entgegensetzen möchten, muss das Eheverständnis theologisch begründet sein. In letzter Konsequenz kann dies theologisch bedeuten, dass manche Partnerschaft ohne Trauschein mehr „Ehe" ist als manche Partnerschaft mit Trauschein! Hier wird für die Zukunft ein Umdenken in der Diskussion erforderlich werden.[17]

Zum Begriff „Ehevorbereitung"

Theologisch nach „Ehevorbereitung" zu fragen, scheint mir weitaus schwieriger. Es gibt es in der Bibel keine direkten Hinweise auf eine formale Ehevorbereitung.[18] Im Gegenteil, die Hochzeiten waren oft

---

[17] Hier spreche ich nicht vom Zusammenleben im Sinne einer „Ehe auf Probe". In den 70er und 80er Jahren des letzten Jahrhunderts wurde ein solches Zusammenleben einer Ehe oft „vorgeschaltet" – nicht mit besonders beeindruckendem Erfolg. Zahlreiche Studien belegen, dass bei Paaren, die vor der Ehe zusammengelebt haben, die Scheidungsrate signifikant höher ist als bei anderen Paaren. Paare, die heute zusammenleben, verstehen dies in der Regel nicht als eine Probezeit, sondern als (mehr oder weniger) verbindliche Lebensgemeinschaft. Ferner habe ich hier nicht die Problematik homosexueller Partnerschaften im Blick. Doch machen die Änderungen in der Gesetzgebung gerade an diesem Punkt deutlich, dass gesellschaftliche Definitionen von Partnerschaft, Lebensgemeinschaft und Ehe für Christen nicht ohne weiteres übernommen werden können.

[18] Es gibt sehr wohl Hinweise und Diskussion um das Thema „Partnerwahl" (Eliesers Suche nach einer Braut für Isaak – im Auftrag Abrahams, die Geschichte der Ruth, die Eskapaden Simsons – um nur einige zu nennen). Partnerwahl geht der Ehevorbereitung jedoch voraus und ist nicht Gegenstand dieses Buches.

arrangiert, von den Eltern vereinbart, unter Gesichtspunkten, die aus heutiger Sicht andere Interessen im Vordergrund hatten, als uns heute für eine Ehe maßgeblich scheinen. Gibt es somit gar kein biblisches Mandat für ein solches seelsorgerliches Handeln? Wer alles, was in der Bibel nicht ausdrücklich geboten wird, ablehnt, muss zu dem Schluss kommen, Ehevorbereitung ist überflüssig, vielleicht sogar schädlich (hier wird dann durchaus zu Recht die Frage gestellt, ob denn alles „lernbar" sei und beigebracht werden muss). Diese Position wird im Hinblick auf Ehevorbereitung jedoch selten sein.

Wenn es keine direkten Stellungnahmen zu unserem Thema gibt, ist es dennoch möglich, sich an biblisch-theologischen Prinzipien zu orientieren, die auch theologisch eine „Ehevorbereitung" begründen.

Pädagogisches Grundprinzip

Die Bibel ist ein Buch des Lernens.[19] Die gesamte Weisheitsliteratur ist voll von Anregungen, zu lernen, zu reflektieren. Selbst die jüdischen Feste und Feiertage waren immer auch als Lernerfahrung gedacht (z. B. 5. Mo. 6,20ff). Im Neuen Testament wird die Tradition fortgesetzt. Nicht nur, indem Jesus selbst „Rabbi" (Lehrer) genannt wurde, sondern auch, indem die Gabe des Lehrens betont wird und die Gläubigen immer wieder eingeladen werden, zu verstehen, verständig zu sein, zu prüfen etc. (vgl. Eph. 5,10.15.21 – der Zusammenhang spricht übrigens auffallend viel über Partnerschaft, Sexualität und Ehe). Bedenkt man den Schlüsseltext zum Eheverständnis (der übrigens auch in Eph. 5 zitiert wird), so ist festzustellen, dass die geforderte Selbständigkeit (Vater und Mutter verlassen) Wissen voraussetzt. Ohne eigenes Wissen gibt es keine Selbständigkeit. Wissensbildung setzt einen Lernprozess und der wiederum pädagogisches Geschehen voraus.

Wenn man Ehevorbereitung als eine Lernerfahrung für Heiratswillige versteht, dann kann kein Zweifel daran bestehen, dass Ehevorbereitung ein biblisches, theologisch begründetes Mandat hat. Das „päda-

---

[19] Ausführlich erläutert der „Klassiker" von Ingo Baldermann (1980) *Die Bibel – Buch des Lernens: Grundzüge biblischer Didaktik.* Baldermann betont und belegt sehr eindrücklich, dass die Bibel kein Lehrbuch, wohl aber ein Buch des Lernens sei. Die Bibel will, so die nachdenkenswerte These, nicht so sehr Lehre präsentieren, als Lernprozesse anregen.

gogische Argument" bezieht sich dabei im Wesentlichen auf die Heiratswilligen. Sie haben einen Anspruch darauf – vielleicht sogar die Pflicht –, wie in vielen Lebensbereichen, so auch im Hinblick auf Partnerschaft und Ehe Lernende zu sein.

Verantwortung für den Leib Christi

Aber auch im Hinblick auf Seelsorger gibt es eine Pflicht, aus der sich ein biblisches Mandat für Ehevorbereitung ableiten lässt. Auch auf die Gefahr hin, für manche Leser moralisierend zu klingen, halte ich fest an der Verantwortung des „Wächteramtes" (Hes. 3,16–21; 33,1–9 – vgl. Hebr. 13,17), das gerade in der Seelsorge bedeutsam ist.[20] Selbst wenn wir das weniger „kontrollierende" Bild des Hirten (lateinisch „Pastor") verwenden, bleibt das Konzept der Verantwortung erhalten. Verantwortung beschränkt sich dabei nicht auf die „professionelle Geistlichkeit", sondern auf die gesamte Gemeinde. Das „allgemeine Priestertum" (1. Petr. 2,9) ist hier ebenso heranzuziehen, wie der Text: „Einer trage des anderen Last" (Gal. 6,2 – auch der Kontext ist sehr aufschlussreich). Am deutlichsten wird für mich jedoch die Verantwortung am paulinischen Bild des Leibes:

> Und wenn ein Glied leidet, so leiden alle Glieder mit,
> und wenn ein Glied geehrt wird, so freuen sich alle Glieder mit.
> Ihr aber seid der Leib Christi und jeder von euch ein Glied.
> *(1. Kor. 12,26–27)*

In einer Zeit der Individualisierung und Privatisierung geht uns der Blick für das Kollektive immer mehr verloren. Vereinsamung und Isolierung sind die Folge. Wenn eine Kirche oder Gemeinde zum Thema Ehe und Partnerschaft nichts mehr zu sagen hat, weil dies ja eine Privatangelegenheit sei, hat sie aufgehört, ein Leib zu sein. Sich einzumischen oder zumindest zu Wort zu melden, ist nicht gleichbedeutend mit Kontrolle oder Herrschaft über die Mitglieder, wie oft unterstellt

---

[20] Hier bin ich dem amerikanischen Pastoralpsychologen Robert Wicks sehr verpflichtet, der den Zusammenhang zwischen dem Prophetenamt und der Seelsorge in seinen Vorlesungen sehr anschaulich dargestellt hat.

wird. Vielmehr ist es ein Akt der Fürsorge und des verantwortlichen Miteinanders und Füreinanders. Wenn eine Gemeinde oder Kirche glaubt, ein Miteinander und Füreinander nicht zu brauchen, hat sie das Evangelium nicht verstanden. In manchen Kreisen scheint mir auch an diesem Punkt ein Umdenken dringend geboten. Das Argument einer mündigen Gemeinde würde missbraucht, wenn es zur Rechtfertigung von Gleichgültigkeit dient. Eine Gemeinde, deren Mitglieder kontrolliert und gegängelt werden, wird dem Anspruch der Freiheit des Evangeliums nicht gerecht. Darüber kann kein Zweifel bestehen. Eine mündige Gemeinde ist jedoch kein Verein gleichgültiger oder auch intellektuell interessierter Beliebigkeit, sondern eine gemeinsam sich gegenseitig unterordnende (Eph. 5,21) und dienende (1. Petr. 4,10) Gemeinschaft.[21]

Christologische Bedeutung der Ehe

Ein letztes Argument für die Ehevorbereitung sei hier angeführt. Es belegt zwar weder direkt noch indirekt die Notwendigkeit der Ehevorbereitung und ist so gesehen ein „schwaches" Argument. Theologisch ist es aber von großem Gewicht, weil es die Bedeutung der Ehe unterstreicht. Im Alten wie im Neuen Testament ist die Ehe Symbol und Analogie für die Beziehung Gottes zu seinem Volk. Die innige Beziehung zwischen Mann und Frau wird von den Schreibern der Bibel als angemessen empfunden, die Liebe zwischen Gott und Mensch darzustellen. Im Neuen Testament, insbesondere im letzten Buch der Bibel, der Offenbarung, wird die Gemeinde sogar als Braut (also in der „Ehevorbereitungsphase" befindlich) beschrieben und Christus als Bräutigam.

Wenn diese Gleichnisse nicht auf ein kitschiges Lackbild-Format reduziert werden sollen, kann daraus nur geschlossen werden, dass „Ehe" im christlichen Verständnis eine sich selbst transzendierende, letztlich christologische Funktion hat. Sie soll oder darf etwas über das Verhältnis zwischen Christus und der Gemeinde widerspiegeln.

---

[21] Gerade Dietrich Bonhoeffer, der den Begriff der „mündigen Gemeinde" im 20. Jahrhundert so stark geprägt hat, fordert Gemeinschaft und warnt vor einer Einsamkeit (Individualität?) ohne Gemeinschaft.

Damit hat die Ehe aber eine Bedeutung, die weit über Fragen der wirtschaftlichen Sicherung, der Liebesheirat oder der (gemeinsamen) Selbstverwirklichung hinausreicht. Sie wird zu einem lebendigen Zeugnis. In diesem Sinne ist sogar die Position der alten Kirchen „Ehe als Sakrament" nachvollziehbar. Unter dieser Prämisse ist Ehe ohne Ehevorbereitung genauso problematisch, wie Taufe ohne Taufunterricht bzw. Konfirmation ohne Konfirmandenunterricht.

Zusammenfassung

Die Ehe hat im biblisch-theologischen Verständnis einen hohen Stellenwert. Nicht nur wird sie zentral in der Schöpfungsgeschichte begründet, sie wird auch durch Analogien auf Christus und seine Gemeinde als sich selbst transzendierend dargestellt. Wenn die Ehe aber kein theologisches Randthema ist, muss ihr auch Aufmerksamkeit gewidmet werden, bedarf sie des Schutzes und der Vorbereitung. Dass dies einen Prozess des Lernens (also einer formalen Ehevorbereitung) einschließt, mag zwar explizit nicht in der Bibel vorkommen, entspricht aber der gesamtbiblischen Intention als „Buch des Lernens".

3. Ehevorbereitung als Dienstleistung

Vorübung

Viele Kirchen und Gemeinden legen großen Wert auf starke und stabile Ehen. Einige Kirchen und Freikirchen erwarten von ihren Geistlichen, eine entsprechende Ehevorbereitung anzubieten. Bitte suchen Sie nach Antworten zu folgenden Fragen (erkundigen Sie sich gegebenenfalls):

- Gibt es Verlautbarungen meiner Kirche oder Gemeinde zum Thema „Ehe"? Wenn ja, wie alt und wie relevant sind diese? Wenn nein – woran liegt das?
- Gibt es Vorschläge oder Vorschriften, wie Ehevorbereitung auszusehen hat? Wenn ja, wie wird die Umsetzung unterstützt?

■ Wie wird Ehevorbereitung in meiner Kirche oder Gemeinde prak-
tiziert? Wie „geistlich" und wie „professionell" sind die Angebote?[22] Welche Unterstützung wünsche ich mir?

Möchten Sie aus Ihren Überlegungen irgendwelche Einsichten festhalten? Tun Sie es am besten jetzt. Nehmen Sie sich angemessene Konsequenzen aus Ihrer Reflexion vor.

Hinführung

Ich erinnere mich an eine Gruppe von Pfarrern, die ich in einer Fortbildung fragte, wie sie Paare auf die Ehe vorbereiten. Die reihum gege-
bene Antwort lautete: „Wir haben da so ein Formular ..." In dieses
Formular wurden die persönlichen Daten, wie Name, Anschrift,
Beruf und Taufdatum der Heiratswilligen eingetragen. Damit waren
die formalen Kriterien für eine kirchliche Ehevorbereitung auch schon
erfüllt. Das sich anschließende Traugespräch behandelte die kirchliche
Dienstleistung des Traugottesdienstes mit seiner Ausgestaltung und
Liturgie, sehr selten aber relevante Ehethemen.

Solche Gespräche sind aus formalen und technischen Gründen nötig
und können auch sehr gewinnend und freundlich geführt werden. Sie
bieten die Chance, Kirchenfremden die Kirche wieder schmackhafter
zu machen. Als Ehevorbereitung allerdings werden sie kaum in Erinnerung bleiben.

Hauptteil

Ehevorbereitung gehört zu den ureigensten Aufgaben von Kirche und
Gemeinde, weil hier „Ehe" eine sehr lange, theologisch begründete
Tradition hat. Durch das Ritual der Trauung gestaltet sie Ehe in Form
und Inhalt entscheidend mit. Wenngleich sich Akzente in der theolo-

---

[22] „Geistlich" und „professionell" sind kein Widerspruch, sondern sollten
einander ergänzen. Kirche und Gemeinde sind nicht nur fromme Gemeinschaften,
sondern repräsentieren (mit wenigen Ausnahmen, z. B. bei einigen Brüder-
gemeinden) auch eine Profession. Dilettantismus ist keineswegs ein Kennzeichen
von besonderer Geistlichkeit! Umgekehrt ist professioneller Habitus ohne
geistliche Substanz für geistliche Berufe eben gerade keine wirkliche Professionalität.

gischen Bewertung und Inhaltsvorgabe von „Ehe" verschoben haben mögen (siehe Schall, 1983), so ist die hohe Wertschätzung der Ehe kirchengeschichtlich durchgängig. Gerade deshalb ist es schwer verständlich, wie dürftig die daraus gezogenen Konsequenzen sind. Neben der Arbeitsüberlastung, die Pfarrer im Bereich der großen Volkskirchen gerne für sich reklamieren („wir haben einfach nicht die Zeit, mit Paaren vier oder fünf Sitzungen vor der Trauung zusammenzusitzen"), ist auch ein Misstrauen gegenüber der Einmischung in die Privatsphäre zumeist junger Menschen, aber oft noch dramatischer älterer Paare gerade bei Seelsorgern festzustellen.

Dieser „Privatisierung" der Ehe widerspreche ich vehement. Wenn Ehe und Familie als die kleinste Zelle der Gesellschaft gesehen werden, gleichzeitig aber aus dem gesellschaftlichen Kontext herausgenommen werden, bleibt die „Zelle" isoliert und kann keine Gesamtstruktur bilden. Damit zerfällt auch die Gesellschaft als Ganzes. Im Englischen wird das Wort „*fabric*" (eigentlich Stoff, Gewebe) verwendet, um solche Strukturen zu beschreiben. Ein guter Manchester-Stoff besteht aber eben nicht aus lauter einzelnen, individuellen, sondern aus eng miteinander verbundenen und verwobenen Fäden. Ehevorbereitung ist daher eine sozialethische, nicht nur individualethische Notwendigkeit. Im kirchlichen Kontext ist Ehevorbereitung damit nicht nur eine Frage der Poimenik (Lehre von der Seelsorge), sondern der Ekklesiologie (Lehre von der Gemeinde/Kirche)!

Kirchliche Erwartungen zur Ehevorbereitung

In einigen kirchlichen Kreisen gibt es schon länger eine „Ehevorbereitung". Ob entsprechende Bemühungen eine solche Bezeichnung zu Recht tragen, wird sehr unterschiedlich erlebt werden. Am deutlichsten hat sich die katholische Kirche positioniert, die seit vielen Jahren „Seminare für Brautleute" und ähnliche Veranstaltungen nicht nur anbietet, sondern Heiratswilligen oft abverlangt hat.[23] „Zwang" mag

---

[23] Die äußerst umfangreiche Dissertation von Herbert Breuer (1995) beschreibt ein komplexes Forschungsprojekt zur Ehevorbereitung innerhalb der katholischen Kirche als Form theologischer Erwachsenenbildung. Darin soll zwar der Zwang überwunden werden, doch wird das Spannungsfeld zwischen sozialwissenschaftlichen Bemühungen und kirchlich-theologischen Anliegen deutlich.

nicht als geeignetes Mittel erscheinen, doch darf nicht übersehen werden, dass dieses Dienstleistungsangebot (was schon viel freundlicher klingt) eingebettet ist in eine ehe- und familienfreundliche Grundhaltung, die in allen Lebensbereichen sichtbar wird. Oft wird vermutet, die niedrigere Scheidungsrate bei Katholiken hinge mit dem rigorosen Scheidungsverbot zusammen, das Geschiedene sogar vom Abendmahl ausschließt. Nach meiner Erfahrung ist dies eine einseitige Betrachtung. Bereits vor der Ehe weisen katholische Paare mehr Stärken in der Beziehung auf als Paare anderer Konfessionen.[24] In jedem Fall lohnt es sich, Ehevorbereitung anzubieten. Wenngleich dieses Buch sich auf die Vorbereitung von Menschen begrenzt, die bereits Heiratsabsichten haben, sei ausdrücklich darauf hingewiesen, dass kirchliche oder gemeindliche Ehevorbereitung bereits im Kindergottesdienst beginnen sollte.

Meine eigene Freikirche hat unter dem fast martialisch klingenden Begriff „Premarital Guidance Taskforce" eine internationale und interdisziplinäre Kommission berufen, die zu der Thematik Ehevorbereitung Empfehlungen erarbeiten sollte. Die Ergebnisse dieser Kommission sind unabhängig von deren Umsetzung durchaus eine Diskussion wert. Ehevorbereitung solle spätestens 4–6 Monate vor der Eheschließung beginnen und sich über mehrere Sitzungen erstrecken.[25] Ausführlich diskutiert wurde die Frage, wie mit Paaren umgegangen werden könne, die sich erst kurz vor der Eheschließung melden. Während der Trend war, solche Eheschließungen (*de facto* ohne Ehevorbereitung) nicht zu befürworten, wurde die Verantwortung für diese „Verspätung" nicht allein dem Paar angelastet. Vielmehr

---

[24] Bochmann, 1993. Gefolgt werden katholische Heiratswillige von Paaren aus eher konservativ-evangelikalen Kirchen. Am schlechtesten schnitten bei den (amerikanischen) Daten Paare aus den Großkirchen (so genannte „main stream churches") ab. Die Studie wurde mit PREPARE, einem Testinstrumentarium zur Ehevorbereitung, durchgeführt. Die Ergebnisse sind deshalb so bedeutsam, weil Paare in der Ehevorbereitung die Beziehung zumeist als glücklich erleben und deshalb – im Unterschied zum Einsatz eines solchen Instrumentes in der Eheberatung – eine höhere Vergleichbarkeit nahe legen.

[25] Premarital Guidance Taskforce, 1999. In der Diskussion waren 10–12 Ehe vorbereitende Sitzungen, doch wurden die offiziellen Empfehlungen allgemeiner formuliert.

sei auf die kirchlichen Erwartungen deutlicher und rechtzeitig hinzuweisen. Hier liegt die Verantwortung also bei der Kirche oder
Gemeinde und nicht beim Paar.

Für eine international organisierte Kirche naheliegend, aber in einer
multikulturellen Gesellschaft auch allgemein gültig, wurde von der
Premarital Guidance Taskforce besonders auf kulturelle Unterschiede
hingewiesen. Es wurde deshalb kein „Programm" entwickelt, das zu
absolvieren wäre, sondern die Gemeinden und Verantwortungsträger
wurden aufgefordert, unter Beachtung biblisch-theologischer Grund-
prinzipien für ihre Region Materialien zur Ehevorbereitung zu entwickeln, die den Möglichkeiten und Erfordernissen ihres Kultur-
kreises entsprechen.[26] Dies ist aus meiner Sicht kein „Zugeständnis"
an unterschiedliche Kulturen, sondern Voraussetzung für sinnvolle
präventive Arbeit – in jedem Bereich!

Von einer Kirche, die „Ehe" explizit und implizit will und fördert,
erwarte ich ein ansprechendes, kulturell und gesellschaftlich sensibles
Angebot zur Ehevorbereitung als Ausdruck von Professionalität. Ein
solches Dienstleistungsangebot kann auch über die Grenzen einer
Kirche hinaus Menschen in einem wesentlichen Lebensbereich erreichen und begleiten und damit eine Umsetzung von Evangelium,
lebensbringender, guter Botschaft sein, die abseits von traditioneller
„Evangelisation" in sehr eigener, persönlicher Weise Ruf in die Nach-
folge sein kann (gerade wenn das Angebot *nicht* zum „Missionieren"
missbraucht wird).[27]

---

[26] „Facilitate the development of culture-sensitive materials for premarital guidance
(training manuals) in all fields." (Premarital Guidance Taskforce, 1999, S. 1.)

[27] So argumentiert auch Harder (2003) in seiner Arbeit zur Ehevorbereitung. Wenngleich er in einer öffentlichen Präventionsarbeit durchaus missionarische
Chancen sieht, möchte er entkirchlichte Menschen behutsam an die Kirche
herangeführt sehen: „Wenn es gelänge, ein professionelles, Ehe vorbereitendes
Angebot zu entwickeln, das in der Lage ist, die Bevölkerung in dem Maße zu
erreichen, wie es nach der Forsa-Studie zum Eheführerschein von vielen Menschen erfragt wird, ohne durch Ressentiments der Kirche gegenüber aufgehalten
zu werden, so eröffnete sich damit eine neue Kontaktmöglichkeit zu Fern-
stehenden." (S. 30) Daraus kann ein Kontakt entstehen, der letztlich wieder einen
Zugang zu Kirche und Glauben eröffnet.

Umsetzung einer kirchlichen Dienstleistung „Ehevorbereitung"

Will sich eine Kirche oder Gemeinde auf den Weg macht, „Ehevorbereitung" anzubieten, müssen im Vorfeld eine Reihe von Fragen geklärt werden, die hier kurz angerissen werden. Damit soll das Thema nicht unnötig verkompliziert werden. Ein kleiner Anfang ist besser als „der große Wurf", der niemals umgesetzt wird! Die Fragestellungen sollen deshalb gerade dazu einladen, Einstiegspunkte für eine fruchtbare innerkirchliche und -gemeindliche Diskussion zu finden, die in konstruktives, konkretes Handeln mündet, nicht aber in Haarspaltereien.

An wen richtet sich das Angebot?

Die Antwort auf die Frage scheint offensichtlich – an Heiratswillige natürlich. Aber ein wenig komplexer ist die Angelegenheit schon. Zum einen ist zu überlegen, ob „Ehevorbereitung" nicht schon in ein gesamtes pädagogisches Konzept von Kinder- und Jugendarbeit einzubetten ist. Zum anderen ist eine Diskussion erforderlich, ob es sich um ein Angebot für Mitglieder der Gemeinde oder Kirche handelt oder darüber hinaus als eine evangelistische Möglichkeit verstanden wird. Wie soll mit konfessionsverschiedenen Paaren umgegangen werden[28] – wie mit religionsverschiedenen Paaren?[29] Das sind Aspekte, die sicher nicht nur auf der örtlichen Ebene diskutiert werden müssen! Sie hier zu diskutieren wäre müßig, da zu viele theologische Prämissen und kirchliche Traditionen die Antworten überlagern, als dass es zu einer für alle (oder auch nur die meisten) stimmigen Antwort kommen könnte.

---

[28] Für viele Freikirchen stellt sich die Frage kaum noch, zum einen durch die überwiegend kongregationalistische Struktur, zum anderen wegen einer immer geringeren Bewertung, manchmal sogar Abwertung von Dogmatik. In den evangelischen Landeskirchen gibt es zwar offizielle Verlautbarungen zum Thema, die m. E. jedoch kaum Anwendung finden. Nach wie vor sehr kritisch gegenüber konfessionsverschiedenen Partnerschaften sind die katholische Kirche und die Freikirche der Siebenten-Tags-Adventisten. Auf der Basis eigener Forschung (Bochmann, 1993) ist übrigens anzumerken, dass Konfessionsunterschiedlichkeit einen vergleichsweise geringen negativen Einfluss bei heiratswilligen Paaren hat.

[29] In Deutschland leben mehrere Millionen von Moslems und Millionen von Atheisten.

Wie verbindlich oder verpflichtend ist das Angebot?
Kirchen und Gemeinden werden sich vermutlich gegen eine verpflichtende Ehevorbereitung wehren, weil eine solche „Zwangsmaßnahme" als kontraproduktiv bewertet werden dürfte.[30] Allerdings ist umgekehrt zu fragen, wie die Bedeutung der Ehe dokumentiert werden soll, wenn solche Entscheidungen der Beliebigkeit bzw. der freien Entscheidung des Paares überlassen werden. Hier wird die kirchliche Trauung schnell zur Dekoration statt zu einer kirchlichen Aussage über die Ehe. Niemand muss in Deutschland kirchlich heiraten. Wenn das Paar es aber doch wünscht, ist es Aufgabe der Kirchen, ihre „Konditionen" deutlich zu machen.

Um den Gefahren und Risiken des Zwanges entgegenzuwirken, scheint mir dann jedoch auch empfehlenswert, Paaren unterschiedliche Alternativen zu ermöglichen. Ehevorbereitung kann in Gruppen (z. B. EPL- oder KISS-Kursen, Partnerschule nach Sanders, Seminaren von freien Werken wie Team F.) oder in Paarberatung unterschiedlicher Form angeboten werden (z. B. unter Einbeziehung von PREPARE). Hier scheint mir viel Flexibilität angemessen, nicht aber in der Grundsatzfrage der Notwendigkeit einer Ehevorbereitung.

Welcher Umfang und welche Inhalte sind erstrebenswert?
Wenngleich dieses Buch versucht, so etwas wie ein wünschenswertes Konzept von Ehevorbereitung vorzustellen, bin ich mir doch der ständigen Spannung zwischen Ideal und Realität in allen Bereichen des Lebens bewusst. Die pragmatischen Begrenzungen, vor allem zeitlicher und personeller, aber auch inhaltlicher Art werden den Rahmen eher bestimmen als eine Vorgabe vom „grünen Tisch" – schon gar nicht vom Katheder irgendeiner Kirchenverwaltung. Trotz und mit dieser Maßgabe scheinen mir ein paar Anhaltspunkte angemessen. Um tatsächlich einen Prozess in Gang zu setzen und Ehevorbereitung nicht auf eine Informationsveranstaltung zu reduzieren, ist ein Mindestmaß von mehreren Gesprächsterminen über einen gewissen Zeit-

---

[30] Gerade in der katholischen Kirche wurden keineswegs nur positive Erfahrungen mit verpflichtenden Brautseminaren gemacht, wie selbst von Priestern durchaus zugestanden wird.

raum unbedingt notwendig. Ein einzelnes Wochenende z. B. – wie es manche Veranstalter anbieten[31] – kann ein guter Impuls, ein guter Anfangspunkt sein, doch wäre es sehr wünschenswert, wenn der angestoßene Prozess auch ein Stück weitere Begleitung vor Ort bekommen könnte. Fünf Gesprächssitzungen von 90–120 Minuten Dauer mit dem Paar halte ich aus meiner Erfahrung für ein absolutes Minimum.[32] Wenn sich in der Beratung nicht spezielle Probleme auftun, wird der Prozess selten über 10–12 Sitzungen hinausgehen. Es soll ja nicht ein therapeutisches Arbeitsverhältnis mit der Gefahr von neuen Abhängigkeiten aufgebaut, sondern gerade die Eigenverantwortung und Eigeninitiative des Paares gestärkt werden!

Inhaltlich ist zu bedenken, dass nicht alle *möglichen* Themen behandelt werden können oder müssen, sondern die *relevanten* Bereiche. Was für das Gelingen einer Partnerschaft relevant ist, sagt uns zum einen die Forschung. Entsprechend sind auch die Themen dieses Buches ausgewählt. Zum anderen kann uns das Paar selbst mitteilen, wo die Stärken der Beziehung liegen und welche Bereiche in besonderer Weise des weiteren Wachstums und der Hilfestellung bedürfen. Um hier schneller und schärfer zu fokussieren und passende Schwerpunkte zu setzen, empfiehlt sich der Einsatz von Testinstrumentarien, wie PREPARE, obwohl natürlich bei entsprechender seelsorgerlicher oder beraterischer Erfahrung alle relevanten Bereiche auch ohne standardisierte Verfahren zutage treten können.

Wer führt die Ehevorbereitung durch?

Viele Kirchen und Gemeinden würden Ehevorbereitung automatisch als Aufgabe ihrer Geistlichen, also hauptamtlichen Seelsorgerinnen und Seelsorger sehen. Gerade wenn Ehe als sakramental bedeutungsvoll oder als heiliger Bund gesehen wird, ist diese Lösung naheliegend, oft aber weder praktikabel noch sinnvoll. Praktikabel deshalb nicht, weil es wenige Geistliche gibt, die sich über Langeweile beklagen, wenig sinnvoll, weil zahlreiche Pastoren und Pastorinnen, Pfarrer und

---

[31] So z. B. das freikirchlich orientierte Werk „Team F."

[32] So auch Stahmann/Hiebert (1997) in ihrem amerikanischen Standardwerk zur Ehevorbereitung.

Pfarrerinnen weder die Gabe noch die Ausbildung haben, Ehevorbereitung in angemessener Weise durchzuführen. Hier scheint es durchaus wünschenswert, „Laien" zu integrieren. Damit würden nicht nur hauptamtliche Geistliche entlastet, sondern es würde zugleich das biblische Konzept des allgemeinen Priestertums ein Stück konkrete Umsetzung erfahren.[33] Solche „Laien" können zum einen qualifizierte Beraterinnen und Berater sein, zum anderen kommunikative Ehepaare, die ihre Lebenserfahrung in erfrischender Art zur Verfügung stellen.

Was ist mit den Kosten für Ehevorbereitung?

Es hat sich inzwischen herumgesprochen, dass auch Kirchen und Gemeinden finanziell längst nicht so gut ausgestattet sind, wie in der Vergangenheit oft unterstellt wurde. Natürlich verursacht Ehevorbereitung Kosten. Material und Mitarbeiter-Fortbildungen für diesen Arbeitszweig müssen zur Verfügung gestellt werden, die Durchführung der Ehevorbereitung bedeutet einen Zeitaufwand mit nicht unerheblichen Personalkosten. Wer soll diese Kosten tragen? Zwei Antworten mit Finanzierungsanmerkungen.

Antwort 1: Das Paar. Wissen Sie, was eine durchschnittliche Hochzeit heutzutage kostet? Die Hochzeit ist ein wichtiger Tag im Leben zweier Menschen und darf auch gut und reichlich ausgestattet sein. Doch was ist ein Tag gegenüber der Zeitspanne einer ganzen Ehe? Die Kosten für Ehevorbereitung dürften selbst bei bescheidenen Festivitäten deutlich unter den Kosten für die Hochzeit liegen (sie liegen mit Sicherheit unter den Kosten einer Ehescheidung). Ehevorbereitung ist somit eine großartige Investition in die Zukunft, die zwar einen Preis hat, der jedoch überschaubar und es wert ist, eingesetzt zu werden. Deshalb empfehle ich, dass Paare die direkten Kosten für Ehevorbereitung (Materialien, Arbeitszeit des Durchführenden etc.) selbst tragen. In einem kirchlichen Kontext, in denen Geistliche keine Neben-

---

[33] Leider erlebe ich immer wieder bei hauptamtlichen Mitarbeitern Ängste, jemand mische sich in ihre Arbeit (oder ihr Amt) ein. Es ist zu hoffen, dass die Gabenorientierung der modernen Gemeindewachstums-Bewegungen hier allmählich ein Umdenken bewirkt, das dem paulinischen Bild von der Gemeinde als vielfältigem Leib ein wenig gerechter wird.

einkünfte haben dürfen oder Honorarzahlungen unüblich sind, lässt sich der entsprechende Gegenwert durchaus für ein passendes Projekt spenden. Antwort 2: Die Kirche/die Gemeinde. Nach einer Scheidung verlässt erfahrungsgemäß mindestens einer der Partner die Kirche oder Gemeinde. Gerade im freikirchlichen Bereich bedeutet dies neben allen menschlichen Dramen, die damit einhergehen, auch einen erheblichen finanziellen Verlust. Wenn Scheidungen durch gute Prävention verhindert werden könnten, wären die dafür benötigten Aufwendungen nicht nur, aber eben auch finanziell schnell wieder „herausgeholt". Deshalb empfehle ich, dass Kirchen und Gemeinden die indirekten Kosten für Ehevorbereitung (Aus- und Weiterbildung der Mitarbeiter, Vorlaufkosten wie Werbung etc.) aus ihren jeweiligen Haushalten finanzieren und damit zugleich signalisieren, wie wichtig ihnen dieses Thema ist.

Wie wird Ehevorbereitung bekannt gemacht?

Da das Konzept der Ehevorbereitung in vielen Kreisen noch recht neu ist, müssen die Verantwortlichen auch Möglichkeiten zur Werbung und Bekanntmachung eines solchen Angebotes finden. Sehr unproblematisch kann dieses Thema sein, wenn die ganze Gemeinde von Anfang an in den Gestaltungs- und Entscheidungsprozess mit einbezogen wurde, also Ehevorbereitung zu einem Anliegen aller geworden ist. Dies kann z. B. durch Gemeindeversammlungen geschehen, in denen das Konzept diskutiert und ausgefeilt wird. Darüber hinaus sollten natürlich alle traditionellen und neuen Medien genutzt werden, die für Werbung zur Verfügung stehen. Die Entwicklung von Flyern ist ebenso sinnvoll wie Artikel in der Kirchenzeitung oder der Lokalpresse. Hat die Kirchengemeinde eine eigene Website im Internet, gehört natürlich auch dort eine Beschreibung des Angebotes hin, zumal die Zielgruppe sich mit diesem Medium gut auskennt.[34] Bei

---

[34] Das Internet wird stärker von Männern als von Frauen genutzt. Hier besteht eine Chance, Männer zu erreichen, die traditionell gegenüber Beratungsangeboten eher skeptisch und zurückhaltend sind. Diese Einsicht macht sich übrigens auch das „Couple Coaching" zunutze, das das Medium *Internet* als Ergänzung zum Medium *Buch* in das präventive Beratungskonzept für Paare einbezieht (Wilchfort, 2001).

Nutzung des Internets kommt der Verwendung von Suchmaschinen zunehmend große Bedeutung zu. Dies sollte bei der Entwicklung von Websites von Anfang bedacht werden. Am erfolgreichsten jedoch – das sei nicht verschwiegen – wird die Mund-zu-Mund-Propaganda glücklicher Paare sein!

Zusammenfassung

Ehevorbereitung als „kirchliche Dienstleistung" erfordert Umdenken und Einsatz. Sie kann nur intentional, also „mit voller Absicht" eingeführt und gefördert werden. Dazu gehört ein innergemeindlicher Diskurs auf allen Ebenen – lokal und überregional, in Leitungsgremien wie an „der Basis". Doch scheint hierin nicht nur eine Belastung zu liegen, sondern eine unerhörte Chance, dass Kirche und Gemeinde gesellschaftlich wieder an Relevanz gewinnt. Vielleicht nicht auf der großen politischen Bühne[35], aber auf der konkreten und ganz menschlichen. Ob der Traum von Harder (2003), dass es eines Tages sogar staatliche Förderung für kirchliche Programme zur Ehevorbereitung geben könnte, wie in manchen Ländern bereits üblich, zu optimistisch ist, sei dahingestellt. Gemeinden sind gerufen, selbst mit „kleinen Brötchen" einen Anfang zu wagen.

---

[35] Ob „Politik" tatsächlich gesellschaftlich „relevant" ist, wird zumindest von vielen Bürgern in Frage gestellt. Auch habe ich während meiner Arbeit als Krankenhausseelsorger sehr häufig Kritik am politischen Engagement der Kirchen zu hören bekommen. Deshalb darf „Kirche" nicht aufhören, sich in politischen Dingen zu Wort zu melden, doch vermute ich, dass sie an Glaubwürdigkeit gewinnen könnte, wenn die praktischen Lebensfragen dabei nicht aus dem Blickfeld gerieten.

4. Dynamik der Paarberatung

Vorübung

Reflektieren Sie folgende Thesen und überprüfen Sie, ob Sie ihnen zustimmen können. Ergänzen und modifizieren Sie die Thesen nach Bedarf:

- Paarseelsorge ist deshalb komplexer als Einzelseelsorge, weil man zwei statt einem Menschen gegenübersitzt.
- Paarseelsorge ist deshalb komplexer als Einzelseelsorge, weil in jedem Fall zwei Geschlechter repräsentiert sind.
- Paarseelsorge ist deshalb komplexer als Einzelseelsorge, weil ...
- Ehevorbereitung macht keinen Sinn, weil das Paar zu verliebt ist, um Hilfe anzunehmen.

Wenn Sie sich „positioniert" haben, möchte ich Sie anregen, Ihre Begründung noch einmal zu bedenken. Basiert sie stärker auf Wissen, auf eigener Erfahrung oder auf Intuition und Vermutungen? Wie sähen „Antithesen" zu den Vorgaben aus? Inwieweit erleben Sie Ihre Positionierung als Folge Ihrer Ausbildung?

Hinführung

Pastor Thomas, ein eher zurückhaltender, ruhiger Pastor, begrüßt Karl und Karla zur Ehevorbereitung. Karl ist etwa 1,70 m groß, hager, wirkt fast schüchtern. Karla ist etwa 1,90 m groß und fast ebenso breit. Sie nimmt, so berichtet Pastor Thomas später in der Supervision, fast den ganzen Raum in Anspruch – buchstäblich, wie ihm scheint. Mit lauter Stimme und großer Überzeugung verkündet sie, dass sie Karl ja nun bald heiraten werde und Pastor Thomas den beiden nur noch den letzten Schliff fürs Eheschiff zu geben brauche. Lachend bemerkt sie den, wie sie findet, gelungenen Reim in der Formulierung. Pastor Thomas hat von Anfang an merkwürdige Gefühle bei diesem Paar ...

Diese zur Karikatur entstellte, fast erfundene Geschichte enthält genügend wahre Elemente, um ernsthaft über die Besonderheiten der Paardynamik in der Beratung nachzudenken. Was wird Pastor Thomas tun? Wird er sich mit Karl identifizieren, der nicht mitlacht und kaum eine Miene verzieht? Wird er versuchen, zu Karla besonders freundlich zu sein, um sie in ihrem Eifer behutsam zu bremsen? Wird er sich besonders anstrengen, Karl zu der Begeisterung zu führen, die Karla bereits ausstrahlt? Hat Pastor Thomas vielleicht Versagensängste? Warum will der Karl die Karla heiraten? Oder will nur die Karla den Karl heiraten? Viele Fragen! Und Pastor Thomas fühlt sich reichlich hilflos.

Hauptteil
In der Paarberatung sitzen wir nicht einer Einzelperson, auch nicht einfach zwei Einzelpersonen gegenüber, sondern immer einer Dyade, einer Zweiheit. Das verändert die Dynamik des Geschehens grundlegend und macht sie komplexer. Karla in der Seelsorge als Einzelperson zu haben, mag für manchen schon überwältigend sein, doch ist Seelsorge und Beratung für große oder übergewichtige Frauen durchaus zu bewerkstelligen. Gerade aber die Kombination der zwei Menschen in dem Fallbeispiel lässt das Bild so grotesk erscheinen. Natürlich werden die Eigenheiten einer Paardynamik nicht immer so augenfällig wie bei Karl und Karla (die übrigens – welche Überraschung – nicht geheiratet haben), sind aber prinzipiell ähnlich „offensichtlich". Ich möchte hier einige Punkte herausgreifen, die zwar banal erscheinen mögen, aber gerade deshalb gerne übersehen werden.

Die Geschichte des Paares
Das Paar (auch das frisch verliebte!) hat bereits eine eigene gemeinsame Geschichte und ein eigenes Vokabular, die der Seelsorgerin/dem Seelsorger, der Beraterin/dem Berater nicht unbedingt zur Verfügung stehen. So kommt es beispielsweise vor, dass Paare auf ein völlig „unauffälliges" Stichwort hin zu lachen beginnen, weil sie mit diesem Wort ein bestimmtes Erlebnis verbinden. Hier ist die beratende Person plötzlich ausgeschlossen und spürt – vielleicht auch auf unangenehme Weise –, nicht immer „im Boot" der Beratenen zu sitzen. Nicht Kränkung oder übereilige Neugier sollten Reaktionen auf den „Ausschluss" sein, sondern ein Wahrnehmen, dass es eine Ebene zwi-

schen den Partnern gibt, die ich nicht unbedingt verstehen muss (vielleicht, wenn das Paar mich Anteil nehmen lassen möchte, verstehen *darf*), aber das Paar in seiner Eigenheit mit definiert.
Hinzu kommt natürlich die individuelle Geschichte der beiden Partner, die gerade in ihrer Kombination oft ein Schlüssel zum Verständnis der Beziehung ist. Solche Zusammenhänge sind dem Paar selbst meistens auch nicht bewusst. Sucht Karl vielleicht die Mutter in Karla, weil er nie eine hatte, oder fehlt ihm ein männliches Rollenbild? Ist Karla froh, der Torschlusspanik ein Schnippchen geschlagen zu haben? In die Einzelberatung und -seelsorge kommen Menschen mit ihrer persönlichen Geschichte, weil sie möchten, dass sie bearbeitet wird. In die Paarberatung, insbesondere aber die Ehevorbereitung, kommt das Paar mit einer völlig anderen Agenda. Deshalb kann, was die persönliche Geschichte – oder die Kombination von Lebensgeschichten – angeht, auch bestenfalls behutsam versucht werden, dem Paar etwas zugänglich zu machen, was dann für alle Beteiligten Neuland sein dürfte.[36]
Stahmann und Hiebert (1997) gebrauchen die Analogie von zwei Flüssen, die zu einem Strom zusammenfließen. In diesem Ansatz der dynamischen Beziehungsgeschichte[37] liegt das Augenmerk primär auf der gegenwärtigen Beziehung, also dem Strom, und nicht den beiden Ursprungsflüssen. Gerade eine graphische Darstellung dieser Analogie kann aber auch helfen, Zusammenhänge zur individuellen Familiengeschichte der beiden Partner herzustellen. Systemisch und

---

[36] Jürg Willi (1975, 1996), der bekannte Schweizer Paartherapeut und Forscher, beschreibt sehr eindrucksvoll unterschiedliche Kombinationen von Lebensgeschichten und Persönlichkeitsmustern, die zu so genannten Kollusionen (Störungsmuster, bei denen sich Paare unbewusst in ein destruktives Zusammenspiel verwickeln) führen.

[37] In der von Stahmann und Hiebert (1997) präsentierten Technik der „Dynamic Relationship History (DHR)" wird jeweils ein Partner über Verhalten, Einstellungen und Gefühle des anderen befragt, die an gemeinsamen Schnittstellen der Beziehung auftraten. Die Ergebnisse dieser Befragung werden in ein Diagramm eingetragen (z. B. an einer Tafel), das die Entwicklung der Paarbeziehung chronologisch darstellt. Auf die Art und Weise wird ein systemisches Nachdenken über die Beziehung gefördert, und der Verlauf des gemeinsamen „Flusses" wird sichtbar und kann reflektiert werden.

tiefenpsychologisch orientierte Beraterinnen und Berater werden auf diese Zusammenhänge sicher mehr Aufmerksamkeit verwenden als andere. Doch ist in jedem Fall die grundlegende Wirkung der Geschichte des Paares im Beratungsprozess im Blick zu behalten.

Geschlecht

Eine weitere Eigenheit der Ehevorbereitung mit einzelnen Paaren ist die „banale" Tatsache, dass ein Geschlecht quasi per Definition in der Minderheit ist. Dies wird vor allem von manchen männlichen Pastoren übersehen, die glauben, kraft Ordination *das* Pastor zu sein. Wir bleiben Männer und Frauen und nehmen unsere sexuelle Identität mit in den Prozess hinein. Tiefenpsychologen machen darauf aufmerksam, dass es oft zu einer Verbündung oder „Koalition" innerhalb der gegengeschlechtlichen Konstellation kommt. So fühlt sich die Frau vom einfühlsamen männlichen Berater oft besser verstanden als vom eigenen Partner (und der Berater fühlt sich ein kleines bisschen geschmeichelt).[38]

Doch gerade in der Ehevorbereitung, die anders als die oft krisenhafte Eheberatung von viel Gemeinschaft und Gemeinsamkeit zwischen den Partnern geprägt ist, wird auch der umgekehrte Fall keine Seltenheit sein: zwei Frauen „verbünden" sich gegen den Mann, oder zwei Männer koalieren gegen die Frau. Dies muss keineswegs wie „Gegnerschaft" aussehen. Beispielsweise können zwei Frauen (oder Männer) koalieren, um dem Mann (respektive der Frau) „endlich" klar zu machen, wie Frauen (bzw. Männer) denken, fühlen oder handeln und zu verstehen sind. In dem obigen Fallbeispiel kann ich mir jedenfalls eine Koalition zwischen Pastor Thomas und Karl „gegen" die übermächtige Karla gut vorstellen.

Solche Phänomene können und müssen nicht „abgeschaltet" werden (z. B. durch Leugnung der eigenen sexuellen Identität), sollten aber

---

[38] Die hier beschriebene Dynamik ist nicht selten der Grund für eine fatale Grenzüberschreitung in Seelsorge, Beratung oder Therapie. Gerade deshalb ist es wichtig, dass Menschen in beratenden Professionen eine gute Selbst- und Fremdwahrnehmung und ein solides Grundverständnis von Übertragungsphänomenen haben, selbst wenn die Arbeitsweise ansonsten eher einen Bogen um psychoanalytische Methoden und Erkenntnisse macht.

sehr genau im Blick des oder der Beratenden bleiben. Neben hinreichender Schulung sind hier gute Eigenreflexion und Supervision erforderlich. Seelsorgerlich Tätigen, die keinen Zugang zu einem dieser Elemente haben, empfehle ich deshalb dringend, Ehevorbereitung nur im Kontext von Vierergesprächen durchzuführen. Dabei sitzen sich zwei Paare gegenüber, und der Schwerpunkt der gemeinsamen Arbeit liegt im Erfahrungsaustausch oder im zeugnishaften Berichten des beratenden Paares über die eigene Beziehung (z. B. den Umgang mit Problemen). Diese Form des Lernens am Modell kann insbesondere dann sehr wertvoll sein, wenn dem Paar andere Rollenmodelle für Partnerschaft und Ehe nur unzureichend zur Verfügung standen. In jedem Fall aber werden in einem solchen Setting Übertragungsphänomene geringer ausfallen und können sich Auswertungen der Gespräche durch das beratende Paar problemlos anschließen.

Verliebtheit

Schließlich soll noch auf ein Phänomen aufmerksam gemacht werden, das zwar nicht unbedingt typisch für jede Form der Paarberatung, wohl aber der Ehevorbereitung ist. Paare, die heiraten wollen, sind zumeist über beide Ohren verliebt – oder, etwas nüchterner formuliert, haben eine idealisierend verzerrte Wahrnehmung des Partners und der Beziehung.[39] Hier ist zu fragen, ob es überhaupt möglich ist, das Paar zu erreichen und ihm die Augen zu öffnen, da doch Liebe blind macht.

Tatsächlich zeigt die Forschung, dass selbst gute Ehevorbereitung die „rosarote Brille" eines Paares kaum beeinflusst, dies aber auch nicht erforderlich ist, um die Chancen für eine erfolgreiche Ehe zu erhöhen. Im Gegenteil – hohe Ideale können sogar förderlich sein! Allerdings sollte hier zwischen Idealen und Erwartungen unterschieden werden. Überhöhte Erwartungen an die Ehe als Ort der Erfüllung aller eige-

---

[39] Dies ist übrigens eine Folge der freien Partnerwahl. In Kulturen, in denen die Ehen von den Eltern (oder anderen) „arrangiert" werden, ist das Liebgewinnen die eigentliche Aufgabe der Ehe, nicht deren Voraussetzung. Die Implikationen sind weitreichend und werden in der gesellschaftlichen Abwertung arrangierter Ehen oft wenig bedacht.

nen Wünsche und Bedürfnisse ist nicht das Gleiche, wie gemeinsame Träume zu haben! Ehe ist auch „Dienst am anderen", und die eigene Verwirklichung geschieht in der Ehe durch Hingabe. Selbsthingabe ist dabei nicht das Gleiche wie Selbstaufgabe. In manchen christlichen Kreisen wird eher Letzteres erwartet, insbesondere von Frauen. Ich halte das nicht nur aus psychologischen Gründen für höchst fragwürdig, sondern auch für unbiblisch. Wer überhaupt so biblizistisch argumentiert, dem sei in diesem Zusammenhang Eph. 5,25 zur Lektüre empfohlen. Allerdings bin ich überzeugt davon, dass gerade idealisierende Paare bereit sind, diesen Unterschied aufzunehmen und für sich fruchtbar zu machen.

Insofern können sich Beratende durchaus an der Verliebtheit erfreuen und müssen darin nicht ein Problem sehen. Allzu leicht wird ohnehin Seelsorge und Beratung problemorientiert verstanden. Gerade Ehevorbereitung ist aber ressourcenorientiert, ein Grund zur Freude und zum Feiern. Eine Einschränkung gibt es jedoch, die gerade das Stichwort „feiern" hervorbringt: Ehevorbereitung, die drei Wochen vor der Hochzeit beginnt, wird wenig Nutzen bringen. Der Kopf der Brautleute ist zu diesem Zeitpunkt meist nur mit Torte, Hochzeitskleid und Blumenschmuck gefüllt. Aus lerntheoretischen Überlegungen und Erfahrung ist ein halbes Jahr vor der Eheschließung ein guter Zeitpunkt, mit der Ehevorbereitung zu beginnen. Zu diesem Zeitpunkt ist eine hohe Motivation und Veränderungsbereitschaft gegeben – gerade aufgrund der Verliebtheit.

Zusammenfassung

Die Paardynamik in Seelsorge und Beratung ist komplex und kann leicht unterschätzt werden. Wenngleich Ehevorbereitung durchaus nicht primär „therapeutisch" ist und anders als Eheberatung zumeist nicht krisenhaft und „dramatisch" ist, empfehle ich dringend eine intensive Auseinandersetzung mit der Dynamik der Paarberatung. Nicht jede Seelsorgerin, nicht jeder Seelsorger muss eine Ausbildung in professioneller Beratung haben, wie sie z. B. die DAJEB, das EZI oder die Theologische Hochschule Friedensau mit je unterschiedlichen inhaltlichen und methodischen Gewichtungen anbietet. Doch sollte ein Minimum an Fortbildung erwartet werden können.[40] Unerlässlich erscheint mir darüber hinaus eine fortlaufende Supervision von Arbeit mit Paaren, damit die Fallen und Engpässe rechtzeitig erkannt werden und entsprechend gegengesteuert werden kann.

---

[40] Die Deutsche Arbeitsgemeinschaft für Jugend- und Eheberatung (DAJEB – www.dajeb.de) und das Evangelische Zentralinstitut (EZI – www.ezi-berlin.de) bieten mehrjährige berufsbegleitende Ausbildungsgänge in Beratung für Menschen aus psychosozialen Professionen an. Die Theologische Hochschule Friedensau (www.thh-friedensau.de) bietet einen staatlich anerkannten deutschen Magistergrad mit Hauptfach „Soziale Verhaltenswissenschaften (Beratung/Counseling)" an, der auf Grundlage eines biblischen Menschenbildes und in einem christlichen Umfeld wissenschaftlich qualifizierte und praxisorientierte Inhalte vermittelt. Das Hauptfach kann mit Theologie, Sozialpädagogik, Musiktherapie und weiteren Fächern kombiniert werden. Auch dieses Studium ist berufsbegleitend möglich.

Kleinere Fortbildungsangebote finden sich u. a. bei den großen Verbänden, aber auch bei Anbietern wie www.prepare-enrich.de oder bei www.eheseelsorge.net.

Teil II
Praxis der Ehevorbereitung

5. Kommunikation – der Schlüssel zur Ehevorbereitung

Vorübung
- Schätzen Sie auf einer Skala von 1–10 ein, ob Sie als Seelsorgerin oder Seelsorger, Berater oder Beraterin gut zuhören können.
- Schätzen Sie auf einer Skala von 1–10 ein, ob Sie als Partner oder Partnerin, als Freund oder Freundin gut zuhören können.
- Fragen Sie Ihren Partner/Ihre Partnerin nach seiner oder ihrer Einschätzung. Wenn Sie nicht in einer Partnerschaft leben, fragen Sie einen guten Freund.
- Vergleichen Sie die Ergebnisse. Gibt es Diskrepanzen? Wie kommen sie zustande?
- Welche Kommunikationsfähigkeiten schätzen Sie an sich selbst? Welche fehlen Ihnen? Was möchten Sie Paaren, die zu Ihnen zur Ehevorbereitung kommen, hinsichtlich Kommunikation gerne vermitteln?

Hinführung
Fragt man Jugendliche nach Möglichkeiten und Grenzen der Kommunikation, wird ihnen vermutlich die jüngste Gebührenerhöhung für SMS-Botschaften einfallen. Der Begriff „Kommunikation" ist zwar inzwischen Allgemeingut geworden und wird nicht mehr als Fremdwort erlebt (das war vor 20 Jahren nicht unbedingt der Fall!), doch unterliegt er – wie so vieles in der Sprache – einem inhaltlichen

Wandel, hin zu einem technologischen Verständnis. Medien der Kommunikation sind heute im Wesentlichen technische Geräte wie Computer und Handys mit ihren scheinbar unbegrenzten Möglichkeiten. Der ursprüngliche Begriff, der von einer *communio* spricht, also einer innigen Gemeinschaft, wird dabei mehr und mehr sinnentleert. Als ständiger Nutzer öffentlicher Verkehrsmittel sehe ich inzwischen viel mehr Menschen mit dem Eintippen von SMS-Botschaften oder mit Telefonaten beschäftigt, als etwa im Gespräch mit einem Mitfahrenden. Man kann dies bedauern oder als faktische Gegebenheit hinnehmen – in jedem Fall erfordert diese Entwicklung eine Einigung, mit welchem Begriffsverständnis hier gearbeitet werden soll.

Ich möchte den Kommunikationsbegriff hier auf das Gespräch zwischen Personen reduzieren, das Gemeinschaft herstellt und reguliert. Wenngleich dies nicht ausschließlich so sein muss, wird Kommunikation in diesem Sinn typischerweise von Angesicht zu Angesicht, also ohne technische Hilfsmittel, unter Einbeziehung verbaler und nonverbaler Ausdrucksmöglichkeiten stattfinden. Der Begriff „Personen" innerhalb dieser Definition deutet auf ein „personales Selbst" hin und kann sich somit grundsätzlich auf Menschen oder auf Gott beziehen (sofern ich von einem personalen Gott ausgehe), soll hier aber – ohne das Thema diskutieren zu wollen – Tiere ausschließen. Im Kontext dieses Buches reduziert sich Kommunikation darüber hinaus auf zwei partnerschaftlich verbundene Menschen. Dies ist natürlich keine allgemein gültige Definition, soll aber für die Absicht dieses Buches genügen.

Hauptteil

Dass gute Kommunikation ein wesentlicher Bestandteil gelingender Beziehungen ist, kann wohl als Binsenweisheit angesehen werden. Wie bereits erwähnt, stammt das Wort Kommunikation vom lateinischen Begriff für Gemeinschaft. Gemeinschaftliche Kommunikation oder kommunikative Gemeinschaft ist dementsprechend ein weißer Schimmel. Wenn sich die sozialwissenschaftliche Forschung in den vergangenen Jahren so intensiv mit Kommunikation in partnerschaftlichen Gemeinschaften befasst hat, dann sicher nicht nur, um das Offensichtliche hervorzubringen – obwohl eben doch zu fragen ist, ob das Offensichtliche jedem sichtbar ist, der von Beziehung redet oder sich auf

Kommunikation bezieht ... Vielmehr geht es darum, das scheinbar Banale zu konkretisieren und fruchtbar zu machen, Schwierigkeiten, aber auch Lösungsansätze aufzuzeigen.

In diesem Kapitel werden unterschiedliche Kommunikationsansätze dargestellt, ohne Vollständigkeit zu beanspruchen (weder in der Liste der Ansätze noch in deren inhaltlicher Darstellung). Vielmehr sollen mehrere Möglichkeiten aufgezeigt werden, einem Paar in der Ehevorbereitung das Thema Kommunikation verständlich zu machen und neue Möglichkeiten auszuprobieren.

Mars und Venus

Ein Verfechter für die Bedeutung von Kommunikationstheorien, John Gray, fasziniert viele seiner Leserinnen und Leser mit der schlichten Erkenntnis, dass Männer anders sind als Frauen. Seine Analogie, Männer seien vom Mars, Frauen von der Venus, überzeugt, weil sie in gängige Klischees und damit bereits bestehende Grundüberzeugungen passt. Vielen Menschen geht tatsächlich ein Licht auf, wenn sie z. B. merken, dass Männer stärker sach-, Frauen hingegen eher beziehungsorientiert sind. Neurologische Erkenntnisse zur Hirnphysiologie machen erkennbar, dass entgegen früheren Annahmen diese Unterschiede vorgegeben und nicht einfach „nur" anerzogen sind. Das *corpus callosum*, eine Art Breitbandkabel zwischen rechter und linker Hirnhemisphäre, ist bei Frauen deutlich breiter. Die nahe liegende Folge: die Zusammenarbeit zwischen linker (eher analytischer, sachorientierter) und rechter (eher kreativer, beziehungsorientierter) Hirnhälfte funktioniert einfach besser bei Frauen. Somit hat John Gray tatsächlich recht: Männer sind anders, Frauen auch.[41]

---

[41] Dieser Bestseller von John Gray hilft vielen Paaren, weil er gut lesbar und einleuchtend geschrieben ist. Paare finden sich in ihrem Erleben wieder, fühlen sich verstanden und sind so bereit, Lösungswege zu suchen. Nach meinem persönlichen Dafürhalten reicht es allerdings vollkommen, den Titel des Buches zu begreifen, weil Gray kaum über die Feststellung der Unterschiedlichkeit zwischen Mann und Frau hinauskommt. In der Fachwelt hat John Gray einen mehr als schweren Stand, wie ein zwar sarkastischer, aber höchst amüsant zu lesender Vergleich zwischen John Gottman und John Gray in *Psychology Today* wunderbar belegt (Marano, 1997).

Das Problem dieser Sicht ist nicht, dass sie falsch wäre, sondern dass sie nicht wirklich viel hilft. Obwohl Männer und Frauen in ihren Kommunikationsmustern, der Hirnphysiologie und wohl auch an einigen anderen Stellen so unterschiedlich sind, gelingt einigen dennoch eine gute Gemeinschaft, gelingt die *communio*, die Kommunikation, während sie anderen misslingt. Hier ist es wenig erhellend festzustellen, warum die Kommunikation bei manchen nicht funktioniert (das ist quasi offensichtlich). Vielmehr ist zu fragen, was die Paare, denen Kommunikation gelingt, tatsächlich anders machen, damit Gemeinschaft gelingt! Mars- und Venus-Analogien mit ihren vielschichtigen Konnotationen sind dabei nicht nur wenig hilfreich, sondern sogar irreführend.[42]

Ebenen der Kommunikation

Friedemann Schulz von Thun (1981) hat bereits vor vielen Jahren unterschiedliche Ebenen oder Seiten der Kommunikation herausgearbeitet und dazu ermutigt, die unterschiedlichen Ebenen wahrzunehmen. Er spricht von Selbstoffenbarung, Sachebene, Appell und Beziehungsebene. Der Satz des Beifahrers vor einer Ampel: „Die Ampel ist grün", sagt eben nicht nur etwas über die Farbe des Verkehrszeichens aus (Sachebene), sondern auch über die eigene Ungeduld (Selbstoffenbarung). Der Beifahrer will damit ausdrücken: „Fahr doch endlich los" (Appell) und signalisiert Verärgerung über den Fahrer (Beziehungsebene). Nicht zu vergessen ist dabei, dass die Bedeutung des Satzes stark von Tonfall, Gestik und Mimik abhängt. Der größte Teil der Kommunikation geschieht nonverbal.

Die Kunst gelingender Kommunikation ist es, die „Hörfähigkeit" für die unterschiedlichen Ebenen zu entwickeln und zu fördern. Dies kann insbesondere durch Paraphrasieren, also Wiederholen des Gesagten mit eigenen Worten geübt werden – eine Standardübung mit vielen Variationen in Ehevorbereitung und Eheberatung. Dabei ist es

---

[42] Man bedenke nur den Abstand zwischen Mars und Venus, der größere Unterschiedlichkeit als Gemeinsamkeit suggeriert. Auch ist es für die Paarberatung wenig hilfreich, bei Männern ein aggressiv-kriegerisches Selbstbild als geradezu naturgegeben zu verstärken und Frauen auf Venus-Qualitäten zu reduzieren.

möglich, unterschiedliche Ebenen des Gesagten zu akzentuieren und damit die Bedeutung des Gesagten zu überprüfen. Oft kommt den Beratenden solches Üben eher mühsam oder lächerlich – jedenfalls wenig Erfolg versprechend vor. Die Ergebnisse hingegen sind erstaunlich, wenn man sich die Zeit nimmt, solche Art Übungen zu praktizieren.

Transaktionsanalyse

Weniger nach der angewandten Gesprächstechnik als nach deren Hintergrund fragt die von Eric Berne entwickelte Transaktionsanalyse, die nach Jahren großer Popularität leider wieder ein wenig in der Versenkung verschwunden zu sein scheint. Berne spricht von drei „Ich-Zuständen", aus denen heraus kommuniziert wird, dem wohlwollend-nährenden oder aber kritisch-kontrollierenden Eltern-Ich (EL), dem eher rationalen Erwachsenen-Ich (ER) und dem angepassten oder rebellischen, jedenfalls spontanen, Gefühle auslebenden Kindheits-Ich (K). Diese Ich-Zustände spiegeln reale Erfahrungen und Erlerntes aus der Kindheit wider und werden in der Transaktionsanalyse in sehr komplexer Weise verwendet, um psychische Störungen zu erklären und zu behandeln.

Für unsere Betrachtung soll es ausreichen, das Kommunikationsmodell zu betrachten, das die Transaktionsanalyse verwendet. So ist die Frage: „Wie spät ist es bitte?", in der Regel eine Informationsfrage vom ER zum ER. Wenn darauf in gleicher sachlich-informativer Weise geantwortet wird: „Es ist kurz vor 10", sprechen wir von einer komplementären Transaktion. Reagiert der Antwortende hingegen gereizt oder „schulmeisterlich" kritisch vom EL zum K: „Du hast doch selbst eine Uhr!", handelt es sich um eine gekreuzte Transaktion. Hier ist der Fragende zumeist frustriert, fühlt sich unverstanden, gemaßregelt. So entsteht ein Kommunikationsproblem.

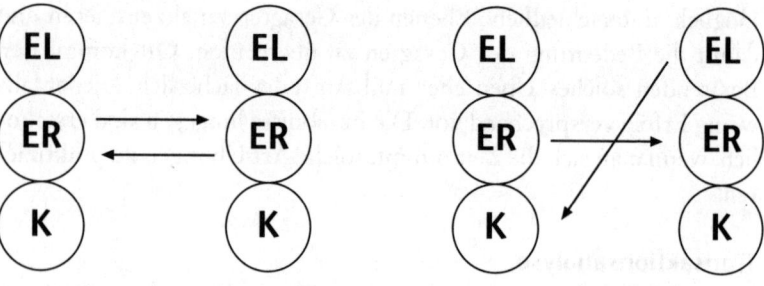

komplementäre Transaktion   gekreuzte Transaktion

Ein anderes, sehr häufiges und auf Dauer problematisches Muster der Kommunikation ist zwar komplementär, aber auf unterschiedlichen Ebenen. Ein Partner agiert immer wieder aus dem EL, während der andere immer wieder aus dem K reagiert. Sie sagt z. B.: „Schatz, soll ich dir noch ein Brötchen schmieren?" Er antwortet: „Ach ja, bitte, mit ganz viel Marmelade drauf." Auf den ersten Blick ist dies eine wunderbare Situation. Sie kann ihn bemuttern (was vielleicht ihrer Persönlichkeit entspricht), und er wird verwöhnt. Die Kommunikation zwischen den beiden geht dennoch „schief", weil sie nicht wirklich Partner sind, sondern ein Eltern-Kind-Verhältnis ausagieren. Das ist auf Dauer unbefriedigend, wird aber zunächst oft fortgeführt, indem z. B. der Mann aus dem K heraus rebellisch schmollt: „Das kann ich doch auch alleine", und sie wiederum ins kritische EL wechselt und vorwurfsvoll antwortet: „Das weiß ich doch, ich habe es ja nur gut gemeint!"

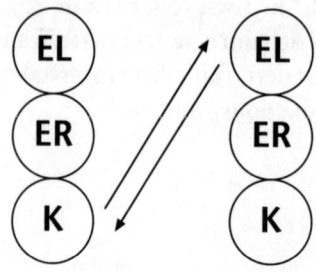

komplementäre Eltern-Kind-Transaktion

Derartige Kommunikationsmuster können nur durchbrochen werden, indem sie bewusst werden. In der transaktionsanalytischen Arbeit mit Paaren geht es also zunächst um die Vermittlung von Einsicht. Beispielsweise kann ein Paar aufgefordert werden, die eigenen Muster über einen gewissen Zeitraum zu beobachten, ohne etwas zu verändern. Häufig sind die daraus folgenden „Aha-Erlebnisse" erhellend („Ich verhalte mich genau wie meine Mutter") oder erleichternd („Eigentlich muss ich ihm ja gar nicht die Brötchen schmieren") und werden nicht selten mit einer guten Prise Humor wahrgenommen. Natürlich verändert allein schon der Vorsatz der Beobachtung die Kommunikationsmuster. Insofern ist eine solche Aufforderung eine paradoxe Intention, aber das kann durchaus beabsichtigt sein![43]

Wenn die Grundzüge der Transaktionsanalyse verstanden werden, gibt es weitere hilfreiche Entdeckungen. So betreiben manche Paare das Spiel „Wippe" , wobei die oben beschriebenen EL-K-Rollen häufig gewechselt werden. Dies kann ein Hinweis auf ausgeprägte Machtbedürfnisse sein. Verdeckte Transaktionen geben vor, auf einer Ebene abzulaufen, während in Wirklichkeit eine verdeckte Botschaft transportiert wird. So sagt er um 8 Uhr abends mit ernster, zugleich augenzwinkernder Miene: „Es ist schon ziemlich spät, ich glaube, ich geh ins Bett", und vermittelt dabei verdeckt: „Komm doch mit und lass uns spielen."

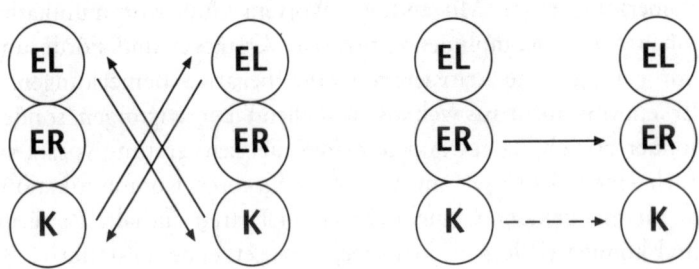

wechselnde Eltern-Kind-Rollen-Transaktion („Wippe")   verdeckte Transaktion

---

[43] Paradoxe Interventionen gehören zu den verdeckten therapeutischen Arbeitsmethoden, bei denen etwas anderes erreicht werden will, als den Ratsuchenden gesagt wird. Ich persönlich habe mich aus ethischen und methodischen Gründen entschieden, nicht „verdeckt", sondern „offen" zu arbeiten. Doch sind solche paradoxen Interventionen auch dann wirksam, wenn man sie offen legt, also den Ratsuchenden erklärt.

Die Gefahr bei übermäßigem Gebrauch der Transaktionsanalyse kann m. E. darin liegen, dass spontane Reaktionen kaum noch möglich sind. Jede Transaktion wird „analysiert", bewusst gemacht und Kommunikation dadurch sehr künstlich. Glücklicherweise wird dieses Phänomen selten lange anhalten. Wenn ein Paar die Grundzüge der eigenen Muster erkannt und zu verändern begonnen hat, ist die einzelne Transaktion letztlich nicht mehr so interessant. Das Erfreuliche an dem Ansatz ist, dass Veränderungen möglich sind und Muster aus der eigenen Kindheit nicht schicksalhaft „akzeptiert" und weitergelebt werden müssen. Hier unterscheidet sich die Transaktionsanalyse deutlich vom psychoanalytischen Ansatz, aus dem sie ursprünglich erwuchs und mit dem sie oft verglichen wird. Wer die Transaktionsanalyse für die eigene Arbeit als hilfreich erlebt, kann sich über weiterführende Literatur und Fortbildungsmaßnahmen informieren.[44]

Neuere Paarforschung zur Kommunikation

Die neuere Paarforschung von John Gottman zeigt ebenso überraschend einfache wie eindeutige Zusammenhänge in der Kommunikation auf. Bei Paaren, die sich als glücklich beschreiben, ist das Verhältnis zwischen Komplimenten und kritischen oder herabsetzenden Bemerkungen 5:1. Mit anderen Worten: Gute Kommunikation beinhaltet viele Komplimente, positive Verstärker und Förderung und nur gelegentliche kritisierende oder negative Bemerkungen. Diese Erkenntnis, nicht aus weltanschaulichen Überzeugungen, sondern aus solider Forschung gewonnen, bringt die Paarberatung voran, weil sie auch einen Schlüssel zur Lösung schlechter Kommunikation (und damit mangelnder Gemeinschaft) bei Paaren enthält. Paare müssen und können (!) lernen, kritische, herabsetzende, destruktive Bemerkungen zu reduzieren und durch Komplimente zu ersetzen.

---

[44] Einen grundlegenden Einstieg bietet Schlegel (1995). Für Paarberatung ist Fanita English (1982) *Es ging doch gut, was ging denn schief* zu empfehlen. Informationen über Fort- und Weiterbildung bietet die Deutsche Gesellschaft für Transaktionsanalyse (www.dgta.de). Im freikirchlichen Raum bietet Günter Hallstein als lehrberechtigter Transaktionsanalytiker Fortbildungen an (www.ghallstein.de).

Dieser Ansatz wird in Deutschland vorschnell mit der umstrittenen Philosophie des „Positiven Denkens" gleichgesetzt und dann abgetan. Einmal mehr soll damit unter Beweis gestellt werden, wie viel tiefer die europäische Kultur und gründlicher die psychotherapeutische Beratungsszene ist – auch wenn Paare dann eben weiter leiden oder sich trennen[45] ... Es ist vielleicht an der Zeit, zur Kenntnis zu nehmen, dass viele moderne therapeutische Ansätze ihren Erfolg in dem veränderten Fokus begründet sehen: Lösungsorientiert statt problemorientiert, Ressourcen aktivieren, Stolpersteine in Stufen verwandeln (Olson), Empowerment – dies sind Terminologien und Konzepte, die eine Trendwende, ja einen Paradigmenwechsel im Bereich der Paarberatung (und auch Therapie mit Einzelnen) einläuten. Auch der psycho-edukative Ansatz dieses Buches gehört dazu. Ehevorbereitung will Prävention sein und grenzt sich inhaltlich, aber auch begrifflich deutlich von einem Pathologie implizierenden psychotherapeutischen Ansinnen ab, selbst wenn psychotherapeutische Erkenntnisse und Methoden Anwendung finden.

---

[45] Erschreckend viele Paare berichten, dass sie nicht zur Paarberatung gehen, weil sie besorgt sind, dort (gegen ihre eigene Absicht!) zur Trennung gedrängt zu werden. Vielleicht ist diese Fantasie gar nicht so abwegig, wie sie Eheberatern scheinen mag.

6. Konfliktlösung – Konfliktbewältigung

Vorübung

Beantworten Sie sich folgenden Fragen:

- Welche Positionen vertrete ich in Bezug auf Konflikte, Ärger, Zorn? Was ist legitim – was nicht? „Darf" ein Christ ...?
- Wie reagiere ich, wenn sich in Seelsorge oder Beratung ein Streit zwischen den Partnern entwickelt?
- Welche Gefühle habe ich, wenn ich an den letzten Konflikt oder Streit in meiner Partnerschaft oder einer anderen Beziehung denke?

Wenn Sie mutig sind und keine Probleme mit Ihrem Rücken haben, können Sie sich an folgende Übung wagen: Suchen Sie sich eine stabile Wand im Haus (keine Rigipswände oder Ähnliches!), erinnern Sie sich an einen Konflikt, der Ihnen vor kurzem zu schaffen gemacht hat, und stellen Sie sich vor, die Wand vor Ihnen stellt den Konflikt dar. Nun legen Sie beide Hände flach gegen die Wand und „schieben" die Wand weg. Wenn Sie meinen, es sei genug, verstärken Sie noch einmal Ihre Anstrengungen und drücken Sie mit voller Kraft gegen die Wand. Anschließend reflektieren Sie Ihre Gefühle, aber auch Ihren Atem und Puls (beide sollten beschleunigt sein – sonst haben Sie sich nicht ausreichend bemüht, dem Konflikt „zu begegnen"), sowie Ihre Gedanken. Ist das eine „blöde" Übung? Sind Sie jetzt sauer auf den Autor dieses Buches? Haben Sie sich hilflos gefühlt? Was lehrt Sie diese Übung über Konflikte? (Diese Übung eignet sich in unterschiedlichen Settings besonders für Menschen, deren Gefühle blockiert sind. Wenn Sie sie einsetzen, sollten Sie sich jedoch unbedingt vergewissern, dass es keine Rückenprobleme gibt!)

Hinführung

„Was ist der Unterschied zwischen einem Hochzeitsmarsch und einem Militärmarsch?", wurde einmal ein Seelsorger in der Ehevorbereitung gefragt. Auf das zögernde Schweigen des geistlichen Hirten antwortete der Bräutigam selbst: „Keiner – sie führen beide in den

Krieg!" Steht es tatsächlich so um die Ehe? Die Antwort lautet nicht selten „ja" – zumindest wenn man die Bezeichnung „kalter Krieg" berücksichtigt. Nicht nur in christlichen Kreisen ist immer mehr Konfliktvermeidung zu beobachten – wenn auch aus unterschiedlichen Gründen. Sind Christen eher konfliktscheu, weil ihnen die Themen „Wut", „Ärger", „Streit", „Konflikt" als suspekt oder eben eindeutig „unchristlich" vorkommen, so sind „Weltmenschen" eher desinteressiert an ernsthaften Auseinandersetzungen, weil sich der übermächtige Individualismus kaum noch einem Gegenüber stellen will. Ein Konflikt setzt nämlich Interesse am *Du* voraus. Der moderne Mensch ist aber so sozialisiert, dass nur die eigene Person wirklich von Bedeutung ist. So wird z. B. „Selbstverwirklichung" immer mehr als von der Partnerschaft losgelöst verstanden. Jedenfalls sagen uns Scheidungsforscher, dass es zunehmend Scheidungen gibt, denen gar kein gravierender Konflikt vorausgegangen sei. Stattdessen ist zu hören, das Paar habe sich „auseinander gelebt". [46]

Insofern ist nicht nur *Streitkultur*, z. B. im Sinne von: „Wie trage ich Konflikte aus, ohne den anderen zu verletzen", sondern auch eine grundsätzliche Konfliktbereitschaft keineswegs etwas, was bei heiratswilligen Paaren ohne weiteres vorausgesetzt werden kann. Hier wird Ehevorbereitung für manchen überraschend sein. Natürlich will Ehevorbereitung nicht „Streit" und „Konflikt" an sich, aber eine prinzipielle Bereitschaft zur „Auseinandersetzung" und ein konstruktiver Umgang mit Differenzen soll durchaus gefördert werden.

Hauptteil

Um Konfliktlösungsstrategien eines Paares kennen zu lernen, das oft selbst kein Empfinden dafür hat („Wir haben uns noch nie ernsthaft gestritten"), haben sich Rollenspiele mit einem konstruierten Konflikt bewährt. Beispielsweise werden die Partner angeregt, sich auszuma-

---

[46] Begriffe wie „Lebensabschnitts-Partnerschaft" untermauern das Verständnis, dass ein Konflikt ein Signal ist, einen Abschnitt zu beenden. Eine Lösung des Konfliktes ist also gar nicht notwendig – der Konflikt (bzw. seine Austragung) kann vermieden werden.

len, sie hätten unabhängig voneinander anlässlich eines besonderen Jubiläums einen Tisch im Lieblingsrestaurant des Partners ohne dessen Wissen vorbestellt oder Konzert- oder Theaterkarten besorgt. Nun sollen sie im Rollenspiel die „Überraschung", die sie für den anderen haben, offenbaren und den daraus resultierenden Konflikt lösen (in welches Restaurant oder Konzert wird nun gegangen). Selbst wenn das Rollenspiel nicht richtig in Gang kommt, haben wir wichtige Informationen und damit Gesprächsstoff über die Konfliktfreudigkeit gewonnen!

Lange Zeit bestanden Konfliktlösungsstrategien darin, Paaren alternative Formen der Kommunikation beizubringen. Mit mehr „aktivem Zuhören" oder empathischen Reaktionen – so die Theorie – würden Konflikte versachlicht und leichter zu lösen sein. John Gottman, der paartherapeutische Ansätze gerne einmal *ad absurdum* führt, widerspricht diesem Ansatz vehement. „Wenn ich mich mit meiner Frau streite", erklärt er seinen Seminarteilnehmern mit Nachdruck, „dann deshalb, weil ich Recht habe!" Wer will an solcher Stelle „aktiv zuhören"? Wer kann in einer solchen emotional aufgeheizten Situation überhaupt auf eine Technik zurückgreifen, die selbst in ruhigeren Zeiten nur mit Mühe und bewusster Anstrengung umzusetzen ist?

Die Ergebnisse aus dem Forschungslabor von John Gottman sind besonders interessant, weil er – im Gegensatz zu den meisten psychologischen und sozialwissenschaftlichen Forschungsprojekten am Menschen – während seiner Beobachtungen auch physiologische Daten wie Puls, Blutdruck, Blutwerte etc. erhoben hat. Steigt der Puls in einem Streit über 100 Schläge pro Minute, so setzt nach Gottmans Beobachtung ein Kampf- oder Fluchtmechanismus ein, der eine rationale Auseinandersetzung mit dem anliegenden Sachthema physiologisch unmöglich macht. Hier mit einem empathischen: „Habe ich dich richtig verstanden, dass du das nicht so gerne möchtest?", zu antworten, wäre geradezu grotesk (selbst wenn es gelänge) und würde den Partner noch mehr in Rage bringen. Deshalb sei es wichtiger, so Gottman, den Paaren Entspannungs- als Kommunikationstechniken beizubringen. Natürlich ist dies eine Zuspitzung, die auch mit den Streitigkeiten und Abgrenzungen der Paarforscher zu tun hat („Wer hat das bessere Konzept?"), doch macht es durchaus Sinn, an dieser Stelle zu beginnen.

„Notbremse"

In meiner Erfahrung geschieht es immer wieder, dass Paare mit kleinen Konflikten beginnen, die dann immer weiter eskalieren. Solche Konflikte tragen wenig zur Förderung der Partnerschaft bei, weil sie verletzen und den Partner herabsetzen und einmal im Eifer des Gefechtes Ausgesprochenes schwer wieder zurückzuholen ist.[47] Hier bitte ich Paare, für solche Situationen ein Signal zu vereinbaren, das den immer schneller werdenden Zug zum Stoppen bringt, bevor er entgleist. Ich gebrauche dazu das Bild der Notbremse, überlasse aber dem Paar die Wahl eines angemessenen verbalen (z. B. „Stopp!") oder nonverbalen Signals (z. B. das aus zwei Händen geformte „T" für das amerikanische „time out"). Diese Auswahl wird übrigens vom Paar außerhalb der Beratungsgespräche getroffen, also als eine Art „Hausaufgabe", denn erstens möchte ich, dass das Paar an dem Thema Konfliktlösung „dranbleibt", und zweitens ist das Signal selbst eine höchst private Angelegenheit.

---

[47] Sehr häufig kommt in solchen Situationen auch physische Gewalt zum Einsatz – von Männern *und* Frauen. Selbst in der scheinbar so verliebten Zeit vor der Ehe können sich entsprechende Tendenzen abzeichnen oder sogar zur Entfaltung kommen. Körperliche Gewalt ist übrigens ein Hinweis auf Hilflosigkeit, die aus einer Unfähigkeit kommt, Gefühle angemessen auszudrücken. Fragen Sie z. B. einen Mann (es betrifft meistens Männer), wie er sich fühlt, werden Sie insbesondere bei Gewalttätigen kaum ein differenzierteres Vokabular als „gut" bzw. „schlecht" mit der möglichen Steigerung „besch..." zu hören bekommen. Eine Kollegin hat deshalb für ihre Familienberatung ein Plakat mit 200 Adjektiven, die Gefühle beschreiben, angefertigt und in ihrem Sprechzimmer ausgehängt, um Anregungen zu vermitteln, sich „gewählter", vor allem aber zielsicherer auszudrücken. Das ist eine edukative Maßnahme, die Selbstsicherheit stärkt und – so ist zu hoffen – Gewalt als Konfliktlösungsmittel reduziert.
In jedem Fall ist körperliche Gewalt innerhalb eines Beratungsprozesses (und ganz gewiss während der Ehevorbereitung) völlig inakzeptabel. Sollte sie vorkommen, hat sie absolute Priorität vor etwaigen anderen Themen. Wird die Gewalttätigkeit nicht unterbunden, muss nach meiner Einschätzung die Paarberatung abgebrochen werden und ist eine Überweisung in eine Psychotherapie angezeigt (und wahrscheinlich auch die Empfehlung, die Beziehung ernsthaft zu überprüfen).

Die „Notbremse" beinhaltet allerdings einige Vereinbarungen, die im Vorfeld klar geregelt werden müssen. Wenn das entsprechende Signal kommt, muss es von beiden Partnern akzeptiert werden und der Streit sofort und ohne „Wenn und Aber" unterbrochen werden. Es muss aber auch eine Vereinbarung bestehen, wann das Thema noch einmal aufgegriffen wird (z. B. nach mindestens einer Stunde Pause, spätestens am nächsten Tag). Dann aber sollte das Thema klar beschrieben und damit eingegrenzt und für eine entspannte Gesprächsatmosphäre gesorgt werden (z. B. bei einem Becher Kakao[48]).

Neben der „Notbremse" gibt es weitere Möglichkeiten, Entspannung in Konfliktsituationen herbeizuführen. Das sprichwörtliche „Bis-10-Zählen" ist dabei durchaus ernster zu nehmen, als allgemein gedacht wird. Besser allerdings für diese Form des Gedankenstopps ist es, von 100 in Siebener-Schritten rückwärts zu zählen. Die Veränderung des Fokus der Aufmerksamkeit kann helfen, wieder etwas zur Ruhe zu kommen, den Puls zu senken und einen Konflikt gelassener anzugehen. Ähnliches gilt für ruhiges, tiefes Durchatmen und vergleichbare einfache Formen von Entspannungsübungen. Komplexe Entspannungsübungen sind aus dem gleichen Grund unsinnig wie der Versuch, einen Konflikt zu Ende zu bringen: Die Physiologie lässt nur einfache Maßnahmen ohne intellektuellen Aufwand zu.

Konfliktlösungsmodell

Die „Notbremse" löst aber noch keinen Konflikt, sondern verhindert nur die Eskalation! Einen Konflikt zu bearbeiten, erfordert mehr. Das Konfliktlösungsmodell, das ich während meiner eigenen Ehevorbereitung kennen gelernt habe, halte ich nach wie vor für hilfreich und ver-

---

[48] Kaffee ist kaum als „entspannendes" Getränk zu bezeichnen. Kakao hingegen drückt für viele Menschen auch so etwas wie Geborgenheit aus – ein wichtiges Gefühl in einer Auseinandersetzung! Natürlich ist es auch möglich, mit anderen Getränken oder Mitteln eine entspannte Atmosphäre herzustellen. Sie sollten aber „extern", also äußerlich sein. Sex oder „Kuscheln" z. B. kann zwar auch eine entspannte Atmosphäre schaffen, dient aber meistens eher der Vermeidung des Konfliktes. Sollte der Konflikt ernster sein, wird zudem eine Konditionierung (also die Herstellung eines Zusammenhangs) vorgenommen, die wenig erfreulich sein dürfte. Stellen Sie sich einen Konflikt um die (künftige) Schwiegermutter vor, der im Bett „gelöst" wird …

mittle es gerne auch Ratsuchenden, obwohl ich den Urheber nicht benennen kann. Danach entstehen Konflikte im Spannungsfeld zwischen eigenen Bedürfnissen, die hoch oder niedrig geachtet werden können, und denen des Partners, die ebenfalls hoch oder niedrig geachtet werden. Ein „Nachgeben" in einem Konflikt achtet zwar die Bedürfnisse des Partners sehr hoch, lässt aber die eigenen Bedürfnisse unbefriedigt. Wird ein solches Muster einseitig über längere Zeit aufrechterhalten, geht die Persönlichkeit des Nachgiebigen verloren oder aber staut sich eine Unmenge an Frustration an. Die eigenen Bedürfnisse auf Kosten des Partners hoch zu achten (zu „siegen"), wird auf die Dauer eine Beziehung ebenfalls zerstören.

Am schädlichsten aber ist es, einen Konflikt nicht auszutragen, sich zurückzuziehen, zu schmollen. Dann kommt es nämlich weder zur Befriedigung der eigenen Bedürfnisse, noch zur Befriedigung der Bedürfnisse des Partners. Gerade diese Einsicht kann hilfreich für Paare sein, die aufgrund ihrer christlichen Sozialisation (oder aus anderen Gründen) bemüht sind, Konflikte um jeden Preis zu vermeiden. Umgekehrt liegt das Ideal, also eine echte Konfliktlösung, dann vor, wenn sowohl die eigenen als auch die Bedürfnisse des Partners befriedigt werden. Dass dies nicht immer gelingt, dass es Zeiten des Siegens und des Nachgebens gibt, soll nicht unerwähnt bleiben – auch gegenüber dem Paar nicht, das gerade in der Ehevorbereitung alle Konflikte idealisierend für lösbar hält.

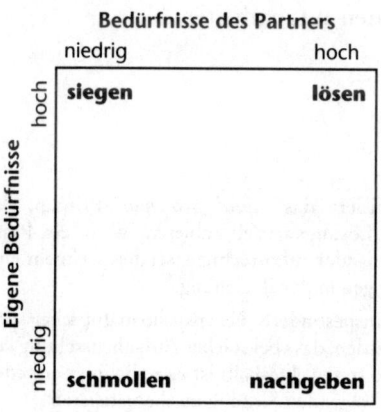

Gottman widerspricht solchen Idealisierungen, wenn er davon aus-
geht, dass etwa 2/3 aller Konflikte gar nicht lösbar sind. Wir müssen
lernen, lösbare Konflikte von unlösbaren zu unterscheiden und mit
Letzteren zu leben, statt alle Energien darauf zu verschwenden, das
Unmögliche zu versuchen. Dieser Gedanke ist für viele Paare sehr entlastend. Wenn es keine Lösung gibt, müssen wir manchmal einfach
nachgeben – oder uns durchsetzen, einen *modus vivendi* finden, der
trotz des Problems die Partnerschaft gelingen lässt. Ohne dass es hier
zu einem systematischen Aufrechnen des Gebens und Nehmens kommen sollte, wird eine stabile Partnerschaft solche Konflikte aushalten
können.[49]

Schritte zur Konfliktlösung

Die Art, einen Konflikt zu lösen, hängt sowohl vom Konflikt als auch
von den involvierten Parteien ab. Olson empfiehlt ein systematisches,
verhaltensorientiertes Vorgehen zur Konfliktlösung, das vielen als
sehr künstlich erscheinen mag und manchmal auch schlicht und ergrei-
fend nicht passt. Doch kann es auch als Anregung für Paare dienen,
eigene Strategien zur Konfliktlösung zu entwickeln, und wird von mir
in diesem Sinne gerne verwendet, d. h. Paare werden angeregt, die
Schritte mit einem relativ kleinen, unbedeutenden Problem durchzu-
gehen, mehr, um die Methode auszuprobieren, als um der Problemlösung willen. Diese Übung sollte in der nächsten Sitzung noch einmal
reflektiert werden, um die Bemühung des Paares wertzuschätzen und
etwaige Schwierigkeiten aufzuarbeiten.[50]

---

[49] Gottman (1999) kritisiert das *„quid pro quo"*-Prinzip, das Vertreter der
„Equity Theorie" als Lösungsmodell anbieten. Wenn ein Paar beginnt, „Kon-
fliktschulden" gegeneinander aufzurechnen, sei dies vielmehr ein deutliches Indiz
für gravierende Störungen in der Beziehung.

[50] Es kann natürlich (insbesondere bei psychoanalytischer Betrachtungsweise)
davon ausgegangen werden, dass bei solcher Aufgabenstellung keineswegs „harm-
lose" Konflikte zutage treten. Deshalb ist es unbedingt erforderlich, eine solche
„Hausaufgabe" in der folgenden Sitzung zu thematisieren.

10 Schritte zur Konfliktlösung[51]

1. Bestimmen Sie eine Zeit und einen Ort für ein gemeinsames Gespräch von mindestens 30 Minuten, das noch in dieser Woche stattfindet.
2. Wählen Sie ein wichtiges Thema, an dem Sie arbeiten wollen. Schreiben Sie das Thema oder Problem auf.
3. Wie tragen Sie beide zu dem Problem bei? Schreiben Sie auf, ohne sich gegenseitig Vorwürfe zu machen, was jeder getan hat, das Problem beizubehalten oder zu verschärfen.
4. Schreiben Sie alle Lösungsversuche aus der Vergangenheit auf, die nicht erfolgreich waren.[52]
5. Brainstorming: Sammeln Sie völlig neue Ideen und schreiben Sie mindestens fünf Lösungsmöglichkeiten auf. Bewerten oder kritisieren Sie die Vorschläge zu diesem Zeitpunkt noch nicht.[53]
6. Besprechen Sie jetzt diese Vorschläge. Bemühen Sie sich, so objektiv wie möglich zu sein, und sprechen Sie darüber, wie nützlich und angebracht jeder Vorschlag ist, um den Konflikt zu lösen.
7. Nachdem Sie Ihre Gefühle zum Ausdruck gebracht haben, einigen Sie sich auf eine Lösung, die Sie ausprobieren wollen.
8. Beschreiben Sie so konkret wie möglich, wie Sie zur Problemlösung beitragen wollen.
9. Legen Sie eine Zeit und einen Ort fest, um innerhalb der nächsten Woche Ihre Fortschritte zu besprechen.
10. Achten Sie während der Woche aufeinander. Wenn Sie merken, dass Ihr Partner einen positiven Beitrag zur Problemlösung leistet, loben Sie seine Bemühungen.

---

[51] Nach Olson, eine Übung, wie sie auch im PREPARE-Programm eingesetzt wird.

[52] Hintergrund dieser Aufgabenstellung ist der häufige Versuch, erfolglose Strategien weiter zu verstärken, anstatt durch andere Möglichkeiten abzulösen.

[53] Vielen Menschen fällt es an dieser Stelle schwer, kreativ und ungefiltert Einfälle zuzulassen. Hier kann der Berater oder die Beraterin helfen, indem er oder sie besonders absurde Lösungsmöglichkeiten anbietet. Das dann typische Lachen löst die häufige innere Spannung und wirkt befreiend für weitere Einfälle, die dann oft kreativer sind, als sich das Paar selbst zugetraut hätte.

7. Persönlichkeit

Vorübung
Nehmen Sie sich ein Blatt Papier und schreiben Sie fünf Eigenschaften Ihres Partners/Ihrer Partnerin, die Ihnen besonders gefallen, und fünf Eigenschaften, die Sie eher als problematisch erleben. (Wenn Sie in keiner Partnerschaft leben, denken Sie sich Eigenschaften aus, die Sie schätzen oder als problematisch einschätzen *würden*.) Auf einem weiteren Blatt Papier schreiben Sie in gleicher Weise je fünf Eigenschaften von sich selbst auf. Legen Sie anschließend die beiden Blätter nebeneinander und vergleichen Sie die Bedeutung (das „Gewicht") der gelisteten Eigenschaften. Was fällt Ihnen auf? Was fällt Ihnen dazu ein? Worüber würden Sie jetzt gerne mit Ihrem Partner/Ihrer Partnerin reden?

Hinführung
Ein junger Mann hatte eine genaue Vorstellung, wie seine künftige Lebenspartnerin sein sollte. Hübsch müsste sie sein, begabt, intelligent (aber nicht zu sehr), freundlich, ordentlich (aber nicht penibel), pünktlich, offen, ehrlich, lebensfroh etc. – einfach vollkommen. So machte er sich auf die Suche. Ein Freund, der ihn nach einigen Jahren jener Suche traf, fragte ihn mitleidsvoll: „Nun, hast du die perfekte Frau für dich gefunden?" Traurig schüttelte der junge Mann den Kopf: „Nein, leider nicht. Ich habe viele schöne Frauen gesehen, begabte, freundliche – aber die perfekte war nicht dabei." Einige Jahre später trafen sich die beiden Männer wieder. Und der nun nicht mehr ganz so junge Mann sah immer noch sehr bedrückt aus. „Ach", sagte sein Freund, „du hast wohl noch immer nicht die perfekte Frau gefunden?" „Doch", antwortete der andere traurig, „ich habe sie gefunden. Nur leider sucht sie den perfekten Mann."
Die Qualitäten und Eigenheiten eines Menschen, seine Persönlichkeit, sein Charakter – wie man es früher einmal nannte – sind für die Partnerschaft natürlich von enormer Relevanz. Dabei ist nicht in erster Linie wichtig, dass möglichst viele „gute" Eigenschaften vorhanden sind (was immer das auch bedeuten mag), ein Mensch also nahezu per-

fekt ist, sondern gerade weil es den perfekten Menschen nicht gibt, dass der Partner die Eigenschaften, die Eigenheiten und Macken der Persönlichkeit mag, annehmen – zumindest aber damit leben kann. In meiner Forschung erstaunt es mich immer wieder, bei wie vielen Paaren die Eigenschaften und die Persönlichkeit des Partners nicht gemocht und sehr kritisch beurteilt werden. Vermutlich steht dahinter die Fantasie, den Partner später noch ändern zu können. Für die Ehevorbereitung ergibt das ein weites Gesprächsfeld ...

Hauptteil

Der Begriff „Persönlichkeit" wird sehr unterschiedlich definiert und verstanden. Die alte, noch aus der griechischen Antike stammende Einteilung in vier Merkmale: „cholerisch", „phlegmatisch", „melancholisch" und „sanguin", die in der christlicher Literatur wieder stark eingesetzt wurde[54], wird von Kritikern gerne um „pinguin" ergänzt, um damit zum Ausdruck zu bringen, dass die Einteilung zwar sehr einleuchtend klingen mag, aber im Grunde genommen einer wissenschaftlichen Basis entbehrt. Auch andere Modelle – seien es der in christlichen Kreisen in Deutschland sehr beliebte DISG oder das Eneagramm – müssen hinterfragt werden (Dieterich, 1997). Selbst zu den 16 Persönlichkeitsfaktoren nach Cattell[55] oder die in einem Koordinatensystem dargestellten Pole von warmherzig bis sachlich einerseits und korrekt bis unkonventionell andererseits[56] ließen sich kritisch hinterfragen. Die wissenschaftlich gesehen wahrscheinlich genaueste Darstellung von Persönlichkeit bietet das Fünf-Faktoren-Modell, weil es unabhängig von Kultur, sozialem Status und sogar unabhängig von

---

[54] Wie lebendig dieses Modell ist, zeigt die 14. [sic.] Auflage des Buches *Einfach typisch* von Florence Littauer (2002), aber auch der „Klassiker" *Dein Typ ist gefragt* von Ole Hallesby (1996).

[55] Dieses Modell ist am bekanntesten und wird z. B. im Persönlichkeitstest „16 PF", aber auch im „Persönlichkeitsstrukturtest" (PST) von Prof. Michael Dieterich angewendet.

[56] Der Tiefenstrukturtest in Dieterichs PST gebraucht dieses Vokabular, aber auch der vor allem in den USA in christlichen Kreisen sehr weit verbreitete Myers-Briggs-Type-Indicator (Oswald/Kroeger, 1992) verwendet dieses auf C.G. Jung zurückgeführte Modell.

vorgefertigten Theorien mit statistischen Methoden überall nachzu-
weisen ist.[57] Ob dieses Modell sich in der Praxis weiter durchsetzen
wird, bleibt abzuwarten.

Für die Ehevorbereitung können Theorien von Persönlichkeit und
zueinander passender Persönlichkeit durchaus bedeutsam und in
jedem Fall interessant sein. So wird sehr häufig von bestimmten Per-
sönlichkeits-Konstellationen ausgegangen, die dann zur Paarbildung
führen. Leider entsteht dabei häufig der Eindruck, es handelte sich um
mehr oder weniger gestörte Persönlichkeiten, wodurch Partnerschaft
insgesamt den Beigeschmack von „pathologisch" erhält. Für die praktische Arbeit mit dem Paar sind diese Erkenntnisse aber vor allem deshalb von relativ geringer Relevanz, weil sie wenig Raum zur Veränderung lassen! So gut wie alle Theoretiker sind sich einig, dass die
wesentlichen Merkmale der Persönlichkeit sehr früh im Leben eines
Menschen geformt werden und lebenslang ausgesprochen stabil sind.
Inwieweit Erziehung und genetische Faktoren eine Rolle spielen, wird
wohl noch Generationen von Forschern beschäftigen, ist aber für die
Ehevorbereitung völlig unerheblich, da in beiden Fällen eine Ände-
rung kaum zu erreichen ist.[58] Deshalb möchte ich den Begriff „Persönlichkeit" im Folgenden bewusst laienhaft verwenden und auf jene
Eigenschaften, Merkmale oder Fähigkeiten beziehen, die durchaus
veränderbar sind.

---

[57] Die fünf Persönlichkeitsfaktoren, die a-theoretisch, d. h. faktorenanalytisch
entwickelt wurden, sind m. E. etwas unglücklich mit folgenden Begriffen benannt
worden: „Neurotizismus", „Extraversion", „Offenheit", „Verträglichkeit",
„Gewissenhaftigkeit". Piedmont (1998) diskutiert nicht nur die Hintergründe des
Modells, sondern auch den praktischen Nutzen des Modells, das in Deutschland
meines Wissens bisher nur im NEO FFI, NEO PI und im Bochumer Persönlich-
keitsinventar eingesetzt wird.

[58] In der Ehevorbereitung haben wir es mit Begleitung von Menschen zu tun,
die sich bereits für eine gemeinsame Ehe entschieden haben und deren Persön-
lichkeitsbildung als weitgehend abgeschlossen gelten kann. Diese Faktoren wären
hingegen dann von enormer Bedeutung, wenn wir im Geschäft von
Paarbildung wären. Es wird sich aber kaum ein „Eheanbahnungsinstitut" die
Mühe machen, sich intensiv mit Persönlichkeitsmerkmalen und einem
entsprechenden Matching auseinander zu setzen, weil es zum einen zu aufwändig
wäre, zum anderen auch bei genauestem Matching keineswegs eine Garantie für
„Erfolg" gäbe.

Selbstvertrauen und Selbstbehauptung

In manchen christlichen Kreisen verursachen allein schon diese Begriffe erhebliches Stirnrunzeln. Darf ein Christ Selbstvertrauen haben? Ist Selbstbehauptung nicht ein Begriff, der zwangsläufig von der dienenden Haltung, die Christus vorgelebt hat, wegführt? Gerade weil gesundes Selbstvertrauen und ausgeprägte Selbstbehauptung einen enorm hohen Einfluss auf die Zufriedenheit und den Erfolg einer Partnerschaft haben, scheint mir eine Definition der Begriffe und eine Auseinandersetzung mit der „frommen Kritik" unumgänglich.

Legt man den Begriff „Selbstvertrauen" auf die theologische Goldwaage, kann natürlich die Frage gestellt werden, worein ich denn mein Vertrauen setze! Aber auch im nicht-christlichen Kontext ist ein Selbstvertrauen, das nur aus mir selbst heraus kommt, unabhängig z. B. von einer mich tragendenden Welt, höchst fragwürdig – wenn nicht sogar unmöglich. Selbstvertrauen, das Gefühl der Sicherheit und Fähigkeit, etwas zu sein, etwas zu können, basiert gerade auf einem „Gehaltensein", einem „Urvertrauen" – theologisch ausgedrückt letztendlich auf dem Wissen meiner Gotteskindschaft (die ja übrigens auch mit dem Geschenk von Gaben einhergeht). Anders ausgedrückt: Das Gegenteil von Selbstvertrauen ist nicht Gottvertrauen, sondern innere Verlassenheit, Unsicherheit und Angst. Deshalb ist das Evangelium gerade für Menschen mit mangelndem Selbstvertrauen eine enorme Befreiungsbotschaft:

> Wie viele ihn aber aufnahmen, denen gab er Macht, Gottes Kinder zu werden, denen, die an seinen Namen glauben.
> *(Joh. 1,12)*

Schwieriger wird es beim Begriff „Selbstbehauptung", der häufig mit „Ellenbogen" und Durchsetzungsvermögen gleichgesetzt wird. Hier könnte man tatsächlich diskutieren, ob solche Qualitäten christlichen Wertvorstellungen entsprechen. Doch halte ich eine solche Begriffszuordnung für völlig irreführend. Selbstbehauptung ist die Fähigkeit, eigene Gefühle, Bedürfnisse und Wünsche wahrnehmen und ausdrücken zu können. Die Befriedigung solcher Bedürfnisse und Wünsche geht über das, was „Selbstbehauptung" meint, weit hinaus (ganz zu schweigen von einer gewaltsamen oder erzwungenen Durchsetzung). Dazu erfordert es Verhandlungsgeschick und eine Balance zwischen Respekt gegenüber den Bedürfnissen des Partners und dem Ernstnehmen eigener Bedürfnisse (siehe Kap. 6, „Konfliktlösung"). Auch das bewusste Zurückstellen eigener Bedürfnisse z. B. aus christlicher Nächstenliebe heraus ist im Grunde nur möglich, wenn ich sie zuvor erkannt habe! Viele Menschen – darunter eben auch zahlreiche Christen – gestehen sich ihre Bedürfnisse und Wünsche gar nicht erst ein. Das hat oft die fatale Folge, dass sie an völlig unangemessener Stelle mit einer völlig unerwarteten Vehemenz durchbrechen und dann sehr unkontrolliert und nicht selten destruktiv ausgelebt werden.[59] Selbstvertrauen und Selbstbehauptung haben einen positiven Einfluss auf eine Partnerschaft. Je höher das Selbstvertrauen und die Selbstbehauptung (in dem oben beschriebenen, gesunden Sinne), desto höher ist auch die Zufriedenheit mit der Partnerschaft. Deshalb ist es mehr als nur wünschenswert, Selbstvertrauen und Selbstbehauptung in der Ehevorbereitung zu fördern.

Selbstvertrauen wächst durch entgegengebrachtes Vertrauen, sowie bei anderen erlebte Offenheit und Wertschätzung. Wenngleich mangelndes Selbstvertrauen zu bearbeiten weit über die Zielsetzung einer Ehevorbereitung hinausgeht, kann der Berater/die Beraterin, ausgestattet mit den Basisqualifikationen nach Carl Rogers – Echtheit, Empathie und Wertschätzung („unconditional positive regard") – Selbstvertrauen enorm fördern.[60] Zugleich dient der Beratungsprozess, der in einer solchen Atmosphäre stattfindet, als ein Modell, das dem Paar auch für die Partnerschaft jenseits der Ehevorbereitung als Vorbild dienen kann.

---

[59] Ja, diese Anmerkungen beziehen sich vor allem auf sexuelle Bedürfnisse und Wünsche. Doch sollten auch andere Bereiche nicht unterschätzt werden, in denen Bedürfnisse nicht wahrgenommen oder ignoriert werden. Könnte es beispielsweise sein, dass die Zunahme an „Burnout" ein Hinweis nicht nur auf unbefriedigtes Ruhe- und Erholungsbedürfnis ist, sondern auch eine Folge einer sich selbst nicht eingestandenen und daher unerfüllten Sehnsucht nach Anerkennung und Wertschätzung?

[60] Waren Echtheit, Empathie (Einfühlungsvermögen) und Wertschätzung zunächst Attribute des gesprächstherapeutischen Ansatzes (Rogers, 1961), so wird wohl heute kaum eine therapeutische oder beraterische Richtung auf eine solche Grundhaltung der beratenden Person verzichten wollen. Es kann davon ausgegangen werden, dass diese Grundhaltung ein Hauptwirkfaktor in Seelsorge, Beratung und Psychotherapie ist.

Eine bewährte Übung zur Stärkung der Selbstbehauptung in der Ehevorbereitung (und übrigens auch der Eheberatung) ist die Benennung von konkreten Bedürfnissen gegenüber dem Partner, ohne dass die Umsetzung verhandelt wird (das kann, muss aber nicht später erfolgen). Beide Partner erstellen eine „Wunschliste" mit z. B. drei konkreten Anliegen, was der andere öfter tun sollte (das Wort „tun" gewährleistet, dass hier nicht abstrahierend irgendwelches Allgemeingut vorgeschoben wird), und tragen sich diese Liste gegenseitig vor. Der hörende Partner wiederholt den Wunsch in seinen eigenen Worten, ohne ihn zu kommentieren, Zusagen zu machen oder in eine „Verhandlung" zu treten. Damit wird dem Partner nicht nur wohlwollende Wertschätzung entgegengebracht, sondern auch aktives Zuhören trainiert. Diese Übung sollte nicht als „Hausaufgabe" dem Paar überlassen werden, sondern in der Beratung stattfinden, um Missverständnissen, insbesondere mangelnder Konkretion und vorschneller Verhandlung, entgegenzuwirken.

Vermeidung und erlebte Partnerdominanz

Zwei weitere Persönlichkeitsmerkmale haben einen eher negativen Einfluss auf eine Partnerschaft. „Vermeidung" beschreibt die Tendenz, Problemen aus dem Weg zu gehen, Konflikte zu minimieren und lieber nachzugeben, als eine Auseinandersetzung zu riskieren. „Erlebte Partnerdominanz" beschreibt, wie sehr der Partner als dominant, kontrollierend, beherrschend erlebt wird (nicht aber, wie dominant, kontrollierend, beherrschend der Partner tatsächlich ist). Nach meiner Einschätzung besteht zwischen Vermeidung und Selbstbehauptung ein starker Zusammenhang (je höher die Selbstbehauptung, desto niedriger die Vermeidung). Vergleichbares ließe sich über Selbstvertrauen und erlebte Partnerdominanz mutmaßen. Dennoch handelt es sich um eigenständige Variablen. Es gibt z. B. Menschen mit niedrigem Selbstvertrauen, die dennoch keine Partnerdominanz erleben.[61] Beide

---

[61] Dies kann im transaktionsanalytischen Modell der Haltung: „Ich bin nicht okay, du bist nicht okay" entsprechen (Harris, 2002), in der beide Partner als schwach erlebt werden. Alternativ kann z. B. die eigene Leistung als so stark wahrgenommen werden, dass der Partner nicht als dominant erlebt wird, und gleichzeitig z. B. durch Erziehung oder Familienkonstellation die Wahrnehmung eigener Bedürfnisse und Wünsche sehr eingeschränkt sein.

Tendenzen können gegebenenfalls in der Ehevorbereitung thematisiert und bearbeitet werden.[62]
Sind ausgeprägte Vermeidungstendenzen bei einem oder beiden Partnern zu beobachten, kann es Sinn machen, dies einmal unabhängig von der Partnerschaft zu beleuchten. In welchen Situationen gibt es diese Tendenzen? Welche Erfahrungen wurden damit gemacht? Das Hören solcher Berichte und „Lebensgeschichten" während der Beratung kann auch dem Partner helfen, manches besser zu verstehen. Allerdings muss hier besonders aufgepasst werden, dass Seelsorgerinnen und Seelsorger ohne therapeutische Ausbildung sich nicht überfordern und ihre Kompetenzgrenzen überschreiten. Insbesondere mit Interpretationen und Deutungen sollte äußerste Zurückhaltung geübt werden. Ziel wäre vielmehr, dass die betroffene Person selber „merkt", dass die Vermeidungstendenzen wenig hilfreich sind, und Überlegungen anstellt, wo und wie Veränderungen und größere Konfliktbereitschaft gewagt werden können.

Die erlebte Partnerdominanz kann vermutlich nur indirekt bearbeitet werden, insbesondere, wenn sie von der Realität bestätigt wird, d. h. der Partner tatsächlich eher dominant, kontrollierend oder beherrschend ist. Wichtig ist, dass allen Beteiligten (einschließlich der beratenden Person) bewusst bleibt, dass Partnerdominanz immer zwei Seiten hat: Um zu dominieren, muss es immer auch jemanden geben, der sich dominieren lässt. Hier schafft Einsicht Veränderung – oder zumindest Klarheit. Es gibt Situationen, in denen erlebte Partnerdominanz zu einer Trennung des Paares führt. Das muss uns nicht erschüttern, denn es ist allemal besser, eine Trennung vor der Eheschließung zu vollziehen, als eine Scheidung zu durchleben.

Eigenheiten und „Macken"
Neben den angesprochenen Persönlichkeitsmerkmalen gibt es aber auch Eigenarten, Angewohnheiten und „Macken", die einer Partnerschaft erheblich zusetzen können. Dazu gehören typischerweise man-

---

[62] PREPARE misst die hier vorgestellten vier Persönlichkeitsmerkmale (Selbstvertrauen, Selbstbehauptung, Vermeidung und erlebte Partnerdominanz) und gibt zumindest einige Anhaltspunkt für das Gespräch.

gelnde Pünktlichkeit, Unordentlichkeit, Dickköpfigkeit. Gerade solche Faktoren werden von Paaren in der Ehevorbereitung zwar durchaus wahrgenommen, aber oft eher unterbewertet. Entweder sie werden noch nicht als so „nervend" erlebt oder aber es wird davon ausgegangen, dass sich solche Eigenheiten kraft der Liebe verändern würden. Hier kann es hilfreich sein, die Gedanken in die Zukunft zu lenken. Was wird bei dieser Unordnung in fünf Jahren sein? Welche Auswirkungen hat die Unpünktlichkeit im Laufe der Zeit? Dabei kann man getrost davon ausgehen, dass sich solche Eigenheiten kaum verändern, eher verschlimmern. Damit will ich nicht sagen, dass sich nichts ändern *kann*![63] Vielmehr ist es eine sehr hohe Hypothek, einfach davon auszugehen, dass Veränderung tatsächlich stattfinden *wird*. Die Frage ist also, ob der andere Partner mit diesen Eigenheiten oder Unarten leben kann und will. Geht es aber doch um Veränderung, so ist der Grundsatz unausweichlich, dass Veränderung nicht mit dem anderen, sondern mit mir selbst beginnt. Es ist wenig hilfreich, dem Partner zu sagen, er oder sie solle doch mal dieses oder jenes Buch lesen und sich ändern, dann würde es besser um die Beziehung stehen. Wenn überhaupt, kann ein Mensch ein Buch (oder eine andere Hilfestellung) für sich selbst entdecken, das ihm hilft, eigenes unerwünschtes Verhalten zu verändern.

Aber auch umgekehrt ist die Fragestellung sehr spannend, was denn wäre, wenn der Partner plötzlich alle „problematischen" Eigenheiten verlöre. Die Unordnung kann ja für den sehr korrekten Menschen eine gewisse Faszination haben, ein Zeichen von „Freiheit und Abenteuer", von Kreativität und Spontaneität sein. Wenn die Unordnung entfiele, wäre auch jene Faszination weg – oder aber der Grund zum Nörgeln, der die Kommunikation aufrechterhält. Selbst wenn dieses Beispiel überzeichnet sein mag, ist nicht zu unterschätzen, dass der Partner in seiner Ganzheit, also auch und vielleicht gerade mit all seinen Eigenheiten und „Macken", attraktiv für den anderen war.

---

[63] Eine ganze Palette von Selbsthilfebüchern und Ratgebern gibt Anleitung, wie Unordnung überwunden oder die Zeiteinteilung verbessert werden kann. Manchmal können solche Bücher hilfreich sein. Oft aber auch nicht, weil das Wissen um die Zusammenhänge durchaus vorhanden ist, die Umsetzung aber dennoch nicht gelingt.

Zusammenfassung

Beim Thema Persönlichkeit ist es besonders wichtig deutlich zu erkennen, dass vieles – aber eben nicht alles – unabänderlich ist. Die Anteile der Persönlichkeit, die sich nicht verändern lassen, als Gottes gute Gabe zu akzeptieren und schätzen zu lernen, aber zur Veränderung Mut zu machen, wo diese möglich ist, kann Aufgabe des Beratungsprozesses werden. Manchmal mag das bekannte Gelassenheitsgebet eine Hilfe sein – sowohl für das Paar als auch für den Seelsorger oder Berater:

> Gott gebe mir die Gelassenheit,
> Dinge hinzunehmen,
> die ich nicht ändern kann,
> den Mut, Dinge zu ändern,
> die ich ändern kann,
> und die Weisheit,
> das eine vom anderen
> zu unterscheiden.[64]

8. Finanzen

Vorübung

Schreiben Sie, ohne jemanden zu fragen, die Preise für folgende Lebensmittel und Gegenstände des täglichen Bedarfs auf, wie Sie sie verwenden:

- ein Brot
- ein Liter Milch
- ein halbes Pfund (250 g) Butter (oder Margarine)
- eine Packung Toilettenpapier

---

[64] Dieses Gebet wird häufig Friedrich Oetinger zugeschrieben, stammt aber sehr viel wahrscheinlicher von Reinhold Niebuhr. Es wird bei vielen Gruppen der Anonymen Alkoholiker als ein Ritual am Ende von Treffen gemeinsam gesprochen.

Reflektieren Sie nun folgende Fragen:
War die Aufgabe schwierig für mich? Wie stehe ich zu Kreditkarten?
Wie hoch sind meine Schulden? Welche Fragen zu Finanzen habe ich
selber? Wo erhalte ich Antworten auf Finanzfragen?

Hinführung

In dem Film *Eine Semesterehe*[65] wird einer Gruppe von Oberschülern,
die einen Kurs zum Thema Ehevorbereitung besuchen, die Aufgabe
gegeben, einen Haushaltsplan für eine junge Ehe zu erstellen. In einer
meiner Lieblingsszenen aus dem Film gibt der Lehrer die erstellten
Haushaltspläne zurück und „lobt" ein Paar, das es tatsächlich geschafft
hat, nicht mehr auszugeben, als es eingenommen hat. Besonders her-
vorgehoben wird, wie viel Geld man sparen könne, wenn man – wie in
jenem Haushaltsplan ausgewiesen – völlig auf das Essen verzichte ...
Wie wichtig Haushaltspläne und Finanzplanung sind, zeigen nicht nur
die zunehmenden Firmenpleiten oder die Staatsverschuldung, sondern
auch die stetig steigende Häufigkeit privater Insolvenzen. Nach Schät-
zungen des Bundesjustizministeriums können bereits sieben Prozent
der privaten Haushalte ihren finanziellen Verpflichtungen aufgrund
von Überschuldung nicht mehr nachkommen. Für die kommenden
Jahre wird mit einem weiteren Anstieg von Privatinsolvenzen gerech-
net. Glücklicherweise ist der Satz: „Über Geld spricht man nicht",
inzwischen nicht mehr durchgängig gültig[66], so dass man sich dem
Thema in der Ehevorbereitung durchaus widmen kann.

Hauptteil

Schwierigkeiten im finanziellen Bereich werden sehr häufig bei Ehe-
konflikten und Trennungen angegeben. Angesichts der Tatsache, dass
Deutschland zu den reichsten Ländern der Erde gehört, müsste dies

---

[65] Es handelt sich dabei um einen etwas kitschigen, aber netten amerikanischen Lehr-
film aus den 70er Jahren, der das Thema Ehevorbereitung Jugendlichen nahe bringen soll. Die angeschnittenen Themen haben nichts an Aktualität eingebüßt, wenngleich das Setting, die Musik etc. eher Nostalgiker anrühren dürfte.

[66] Seminarteilnehmer berichten mir jedoch von gravierenden regionalen Unterschieden. So soll das Thema „Finanzen" z. B. in Baden-Württemberg nach wie vor sehr
tabuisiert sein.

eigentlich verblüffen. Aber vielleicht trägt gerade der relative Reichtum dazu bei, das Thema „Finanzen" mit seinem enormen Konfliktpotenzial zu unterschätzen. Dabei wird insbesondere die Vielschichtigkeit des Themas häufig nicht erkannt. So ist meistens nicht die Menge des vorhandenen (oder nicht vorhandenen) Geldes für Schwierigkeiten ausschlaggebend, sondern die Bedeutung, die den Finanzen zugeordnet wird. Zunehmend ist jedoch auch eine Unfähigkeit zu verzeichnen, mit Finanzen in angemessener Weise umzugehen. Überschuldung der Bürger ist ein zunehmendes Problem, erleichtert durch „online"-Kreditvergaben, Kreditkarten, aber auch durch einen Wertewandel in der Gesellschaft, der Schulden nicht nur akzeptabel macht, sondern als Motor der Wirtschaft geradezu fordert.

Geld als Symbol

Geld ist weit mehr als ein Zahlungsmittel. Psychoanalytiker haben schon lange aufgezeigt, dass Geld ein Symbol für Macht und Potenz ist. Als Krankenhausseelsorger habe ich häufig das in der Literatur beschriebene Phänomen erleben können, dass Geld ein Symbol für das Leben insgesamt ist. Sterbende reden manchmal scheinbar völlig überraschend und „unpassend" über Geld oder zählen es immer wieder. Auch die Suizidraten bei einem Börsencrash sind nicht allein durch die finanziellen Einbußen zu erklären. In christlich-theologischer Tradition wird dieser (zum großen Teil sogar unbewussten) Überbewertung des Geldes eine pseudo-religiöse Dimension zugemessen. So sagt Jesus in der Bergpredigt sehr pointiert:

> Niemand kann zwei Herren dienen:
> Entweder er wird den einen hassen und den andern lieben,
> oder er wird an dem einen hängen und den andern verachten.
> Ihr könnt nicht Gott dienen und dem Mammon.
> *(Mt. 6,24)*

Diese Deutung oder Bedeutung des Geldes hat gravierende Konsequenzen für die Paarberatung. Ein Paar, das sich über Geld streitet, meint zumeist Macht. Ein Paar, das das Thema „Finanzen" völlig vermeidet, verhindert nicht nur die Regelung finanzieller Angelegenheiten. Hier ist es wichtig, auf der Hut zu sein und das „eigentliche" Thema herauszuhören. Seien Sie dabei vorsichtig. Ihre Deutung kann völlig falsch sein. Es könnte tatsächlich „nur" um die Frage gehen, ob diese Lebensversicherung oder jene Anschaffung nötig ist oder nicht. Eine Überinterpretation ist mindestens genauso gefährlich und schädigend für den Gesprächsverlauf, wie ein Übersehen eines wichtigen Themas. Kleiden Sie Ihre Vermutungen in behutsame Fragen („Könnte es sein, dass ...?"). Lassen Sie sich von dem Paar korrigieren. Sie müssen nicht Recht behalten, aber Sie dürfen auf wichtige Themen aufmerksam machen.

Sprechen Sie Fragen nach Macht und Machtstreben, nach Rollenverteilung (siehe Kap. 13) offen an. Am Thema Finanzen lässt sich in der Ehevorbereitung nicht nur viel über das Paar in Erfahrung bringen, sondern auch vieles verdeutlichen. So ist z. B. die Frage der Kontobzw. Kontenführung weit mehr als eine reine finanztechnische Angelegenheit, wie heiratswillige Paare zumeist leicht nachvollziehen können. Gerade in der Ehevorbereitung, wo zwei Menschen die Liebe entdecken und ihre Prioritäten entsprechend neu ordnen, besteht eine große Chance, die Bedeutung von Finanzen zu relativieren und einzuordnen! Noch leichter, aber auch nachhaltiger in seiner Bedeutung lässt sich der Bereich Finanzen bei christlichen Paaren in den weit größeren Bereich „Haushalterschaft" einordnen.

Haushalterschaft

Der Begriff „Haushalterschaft" ist im außerchristlichen Sprachgebrauch fast völlig verschwunden und klingt selbst im christlichen Umfeld in vielen Ohren eher etwas altbacken. Ich verwende ihn dennoch gerne als *Terminus technicus*, weil er m. E. am besten beschreibt, welches Verhältnis zum Geld aus christlicher Sicht angemessen ist. Dabei bezieht sich Haushalterschaft mindestens ebenso auch auf geistliche Gaben, auf Fähigkeiten und auf Zeit. Was hier also im Blick auf Finanzen gesagt wird, lässt sich auf weitere Bereiche übertragen.

Geld und Besitz sind nirgendwo in der Bibel „verteufelt" worden, sondern wurden – insbesondere im Alten Testament – als wichtiger Aspekt des Segens Gottes verstanden. Was hingegen als problematisch dargestellt wurde, war ein egoistischer Umgang mit dem Geld bzw. eine

Beschäftigung mit Geld und Besitz als Selbstzweck. Hier mag das Gleichnis vom reichen Kornbauern (Lk. 12,16–21 – auch der weitere Kontext ist beachtenswert) wie auch der gesamte Jakobusbrief, aber auch die alttestamentliche Sozialgesetzgebung exemplarisch genannt werden. In einigen Freikirchen wird nach wie vor das Zehntenprinzip gelehrt. Vom Einkommen werden 10% der Gemeindearbeit zur Verfügung gestellt. In meiner eigenen Tradition kommen zu dem Zehnten, der nur der Evangeliumsverkündigung dient (Bezahlung hauptamtlicher Geistlicher), noch weitere freiwillige Gaben und Spenden hinzu. Für viele Menschen ist das völlig unvorstellbar! Hiermit wird gleich mehreres erreicht. Nicht nur wird die Gemeinde auf eine gute finanzielle Basis gestellt, es hilft auch dem einzelnen Mitglied, Geld einzuteilen – also modern gesprochen zu budgetieren. Ich erinnere mich an eine handgebastelte Geldtasche meiner Mutter, in der es eine Tasche für den Zehnten, eine weitere für Miete, eine weitere für Lebensmittel gab. Wohl am wichtigsten aber lehrt Haushalterschaft eine Rangordnung von Werten, in der Geld nicht an erster Stelle steht. Dabei bedeutet Verzicht als christliches Lebensprinzip keineswegs Verzicht im Sinne von „darben müssen". Ich habe jedenfalls noch keinen Menschen erlebt, der den Zehnten gezahlt hätte und sich dadurch ärmer erlebt hätte. Im Gegenteil: Die Zusage aus Mal. 3,10 habe ich viele Male bestätigt gehört:

> Bringt aber die Zehnten in voller Höhe in mein Vorratshaus, auf dass in meinem Hause Speise sei, und prüft mich hiermit, spricht der Herr Zebaoth, ob ich euch dann nicht des Himmels Fenster auftun werde und Segen herabschütten die Fülle.

Gleichwohl ist es theologisch höchst bedenklich, wenn aus diesem Text ein Finanzprinzip gemacht wird, weil dann über die Hintertür Geld wieder zur wesentlichen Lebensmitte wird.[67] Doch kann dieser Text,

---

[67] Exegetisch betrachtet steht der Text in einem völlig anderen, gleichwohl sehr bemerkenswerten Kontext – nämlich dem Erscheinen des Messias in Macht und Herrlichkeit, also dem, was Christen mit der Wiederkunft Christi verbinden.

ähnlich wie Mt. 6, zu mehr Gelassenheit gegenüber Finanzfragen beitragen:

> Ihr sollt euch nicht Schätze sammeln auf Erden, wo sie die
> Motten und der Rost fressen und wo die Diebe einbrechen und
> stehlen. Sammelt euch aber Schätze im Himmel, wo sie weder
> Motten noch Rost fressen und wo die Diebe nicht einbrechen
> und stehlen. Denn wo dein Schatz ist, da ist auch dein Herz. ....
> Darum sage ich euch: Sorgt nicht um euer Leben, was ihr essen
> und trinken werdet; auch nicht um euren Leib, was ihr anziehen
> werdet. Ist nicht das Leben mehr als die Nahrung und der Leib
> mehr als die Kleidung? Seht die Vögel unter dem Himmel an: sie
> säen nicht, sie ernten nicht, sie sammeln nicht in die Scheunen;
> und euer himmlischer Vater ernährt sie doch. Seid ihr denn nicht
> viel mehr als sie? Wer ist unter euch, der seines Lebens Länge
> eine Spanne zusetzen könnte, wie sehr er sich auch darum sorgt?
> Und warum sorgt ihr euch um die Kleidung? Schaut die Lilien
> auf dem Feld an, wie sie wachsen: sie arbeiten nicht, auch spinnen sie nicht. Ich sage euch, dass auch Salomo in aller seiner
> Herrlichkeit nicht gekleidet gewesen ist wie eine von ihnen.
> Wenn nun Gott das Gras auf dem Feld so kleidet, das doch
> heute steht und morgen in den Ofen geworfen wird: sollte er das
> nicht viel mehr für euch tun, ihr Kleingläubigen? Darum sollt
> ihr nicht sorgen und sagen: Was werden wir essen? Was werden
> wir trinken? Womit werden wir uns kleiden? Nach dem allen
> trachten die Heiden. Denn euer himmlischer Vater weiß, dass
> ihr all dessen bedürft. Trachtet zuerst nach dem Reich Gottes
> und nach seiner Gerechtigkeit, so wird euch das alles zufallen.
> *(Mt. 6,19.25–33)*

Hier gilt es klar Position zu beziehen, um jungen Paaren zu helfen, gelassen und „sorglos" das Thema Finanzen zu betrachten. Ehevorbereitung befindet sich damit in der Spannung, einerseits im gesunden Gottvertrauen Finanzsorgen nicht überzubewerten, andererseits aber auch gezieltes Planen und verantwortungsvolles Handeln zu fördern. Das wird m. E. am besten gelingen, wenn das Thema „Finanzen" sachlich und konkret angegangen wird.

Geld als Zahlungsmittel

Oft sind die Vorstellungen über Finanzen, Haushaltspläne, Spar- und Anlageformen, Versicherungen und Rentenfragen sehr begrenzt bzw. gar nicht im Blick Heiratswilliger. Dies gilt besonders für junge Verliebte, wie sie in christlichen Gemeinden häufiger zu finden sind als in anderen Kreisen der Gesellschaft. Auch wenn sich die meisten Seelsorgerinnen und Seelsorger eher nicht als Finanzexperten verstehen werden, sollten rudimentäre Fähigkeiten vorhanden sein, eine Übersicht über die eigene Finanzlage zu erstellen. Eine solche Vorsorge widerspricht übrigens keineswegs dem Gebot Jesu zur „Sorglosigkeit". Im Gegenteil, sachliche Haushaltsplanung hat Jesus offensichtlich ganz selbstverständlich vorausgesetzt:

> Denn wer ist unter euch, der einen Turm bauen will
> und setzt sich nicht zuvor hin und überschlägt die Kosten,
> ob er genug habe, um es auszuführen? *(Lk. 14,28)*

Haushaltsplan

Eine Auflistung monatlicher Einnahmen und Ausgaben ist der Grundstein zu solider Haushaltsführung. Es macht durchaus Sinn, das Paar zu einer solchen Haushaltsaufstellung anzuregen. Es ist dabei nicht unbedingt notwendig (und aus Diskretionsgründen nicht immer ratsam), einen solchen Haushaltsplan Punkt für Punkt mit dem Seelsorger oder der Seelsorgerin durchzusprechen. Sinnvoll erscheint mir jedoch, dass das Paar miteinander über diesen Haushaltsplan ins Gespräch kommt. Das regt die Kommunikation an und kann dem Paar helfen, Prioritäten in den Werteskalen des Partners zu entdecken. Auch wenn es noch so selbstverständlich klingen mag, so gehört zum Haushaltsplan die explizite Erkenntnis, dass nicht mehr ausgegeben werden darf, als eingenommen wird. Um Notfälle abzudecken, ist eine regelmäßige Sparsumme dringend anzuraten. Scheuen Sie sich nicht, in der Ehevorbereitung sehr konkret zu sein. Zahlenbeispiele sind für das Paar ja nicht bindend, machen aber leichter nachvollziehbar, worum es bei dem Thema geht. Als Anregung finden Sie hier einen einfachen Haushaltsplan, den Sie für Ehevorbereitung und sonstige Seelsorgearbeit gerne kopieren oder modifizieren können.

Einnahmen (netto)	Ausgaben (monatlich)

Einnahmen (netto)

Mann: _____

Frau: _____

Ausgaben (monatlich)

Wohnen:
Miete/Hypotheken _____
Strom/Gas/Wasser _____
Müllabfuhr/Abwasser _____
Telefon/Internet _____

Lebensmittel:
Nahrungsmittel _____
Genussmittel _____
Essen gehen _____

Haushalt:
Reinigungsmittel _____
Reparaturen/Sonstiges _____

Persönliches:
Körperpflege _____
Kleidung _____
Freizeit u. Kultur _____

Kinder:
Betreuung _____
Schulbedarf _____
Taschengeld _____

Transport:
Benzin/Öl _____
Autowäsche _____
Reparaturen _____
Abschreibung _____
öffentl. Verkehrsmittel _____

Finanzen:
Lebensversicherung _____
Kfz-Versicherung _____
Haftpflichtversicherung _____
sonst. Versicherungen _____
Steuern _____
Kredite _____
Bausparvertrag _____
Spenden _____
Rücklagen _____

Gesamt _____   **Gesamt** _____

Finanzplanung

Neben dem Thema Haushaltsplan, der die laufenden Kosten im Blick hat, gewinnt die längerfristige Finanzplanung in unserer Gesellschaft immer mehr an Bedeutung. In diesen Bereich gehören Versicherungen, langfristige Geldanlagen und die finanzielle Altersvorsorge. Hier fällt es manchen Christen schwer, ein gesundes Verhältnis zu finden. Dürfen Christen mit Aktien spekulieren? Sind Versicherungen nicht ein Zeichen mangelnden Glaubens und Gottvertrauens? Ist Altersvorsorge angesichts der Weltlage nicht unnütz gebundenes Kapital? Antworten auf solche Fragen richten sich natürlich sehr nach den jeweiligen theologischen Erkenntnissen. Ich hoffe nur, sie lauten nicht einsilbig „ja" oder „nein", sondern werden sehr differenziert betrachtet.

Ob es uns passt oder nicht – wir leben in einer globalisierten Welt, in der Geld- und Finanzfragen komplexer geworden sind, als sie zur Zeit unserer „Glaubensväter" waren. Hat sich die Kriegs- und Nachkriegsgeneration beispielsweise noch auf den Generationenvertrag für eine gesicherte Altersversorgung verlassen können, so erlaubt dies allein schon die soziodemographische Alterspyramide nicht mehr. Als Seelsorgerinnen und Seelsorger müssen wir mit den Fakten verantwortlich umgehen und sie thematisieren, ohne Panikmache zu betreiben oder das Thema überzubewerten. Hier zeigen sich allerdings auch die professionellen Grenzen, die den meisten Seelsorgerinnen und Seelsorgern, Beraterinnen und Beratern gesetzt sein dürften. Sie sind in der Regel keine Finanzexperten. Gerade wenn Ehevorbereitung in einer Gruppe angeboten wird, bietet es sich an, vertrauenswürdige Experten (wie Anlageberater oder Versicherungsmakler) zum Thema Finanzen einzuladen, die sicherlich in den meisten Kirchen und Gemeinden zu finden sind. Selbstverständlich muss darauf geachtet werden, dass deren Informationen unabhängig von eigenen Interessen vorgetragen werden. Um Missverständnisse zu vermeiden, sollten insbesondere freiberufliche Finanzexperten deutlich darauf hingewiesen werden, dass es nicht darum geht, Produkte oder Dienstleistungen zu bewerben oder gar an den Mann, die Frau oder das Paar zu bringen.[68]

---

[68] Keine Regel ohne Ausnahme. Es gibt natürlich grundsätzlich die Möglichkeit, eine Veranstaltungsreihe zur Ehevorbereitung von einem Finanzinstitut sponsern zu lassen. Doch darf die Ehevorbereitung nicht zu einer Art Kaffeefahrt für Paare mit entsprechend bitterem Nachgeschmack verkommen.

Lädt man einen Finanzexperten für einen Vortrag ein, sollte auch um der klaren Verhältnisse willen im Vorfeld ein angemessenes Honorar vereinbart werden. Für die Beratung einzelner Paare können Hinweise auf Veröffentlichungen von Verbraucherzentralen, Bundesministerien und/oder Finanzinstituten (sofern es sich um Information und nicht reine Werbung handelt) hilfreich sein.

Zusammenfassung

Mehr als manche andere Bereiche muss beim Thema Finanzen deutlich unterschieden werden, auf welcher Ebene man sich befindet. Psychologisch betrachtet verkörpern Finanzfragen Themen wie Macht, Einfluss oder auch Leben insgesamt. Ein allzu starkes Psychologisieren kann jedoch die ganz praktischen, aber ebenso wichtigen Belange einer vernünftigen Finanzplanung aus dem Blick verlieren. Professionelle Unterstützung durch Experten aus dem Finanz- und Versicherungssektor können einen Beitrag zu konkreter Lebenshilfe leisten und zugleich helfen, Ehevorbereitung von den „psychotherapeutischen" Schatten zu befreien.

9. *Freizeitgestaltung*

Vorübung

Überdenken Sie den letzten Monat und beantworten Sie sich folgende Fragen:

- Bin ich zufrieden mit meiner eigenen Freizeitgestaltung?
- Halte ich in meiner Partnerschaft ein gutes Gleichgewicht zwischen allein und gemeinsam verbrachter Freizeit?
- Sind Freizeitaktivitäten für mich erfrischend, regenerierend, anregend?

Betrachten Sie jetzt nur die letzte Woche und listen Sie auf einem Blatt Papier ganz konkret alle Ihre Freizeitaktivitäten auf. Vergeben Sie für jede Aktivität jeweils 1–5 Punkte für den „Spaßfaktor" (die Aktivität hat mir eher wenig Spaß gemacht = 1; die Aktivität hat mir viel Spaß gemacht = 5) und in gleicher Weise 1–5 Punkte für den tatsächlichen Erholungswert (eher wenig erholsam = 1; erfrischend, regenerierend, anregend = 5). Addieren Sie die Zahlen. Wenn Sie mit Ihrem Ergebnis zufrieden sind: Herzlichen Glückwunsch. Falls nicht: Nehmen Sie sich Änderungen in Ihrer Freizeitgestaltung vor und überprüfen Sie das Ergebnis in der kommenden Woche.

Hinführung

Meine Frau achtet penibel darauf, dass ich einen wöchentlichen freien Tag einhalte. Mitarbeiter im kirchlichen Bereich wissen die Bedeutung dieses Satzes zu würdigen. Viele Seelsorgerinnen und Seelsorger, wie auch Angehörige anderer helfender Berufe, sehen sich von außen (Ansprüche ständiger Verfügbarkeit) und innen (christliches Pflicht- oder auch Sendungsbewusstsein) derart unter Druck, dass Freizeitgestaltung zu einem Fremdwort wird. Wenn Seelsorger zu mir in die Beratung kommen, dann häufig mit einer Burnout-Symptomatik. Ein voller Terminkalender gilt gerade unter freikirchlichen Pastoren als „Zeichen der Heiligung" und Freizeit als anrüchiger Luxus.[69]

Die Kehrseite der Medaille ist der Überschuss an Freizeit, den die heutige Gesellschaft bietet. Der durchschnittliche jährliche Fernsehkonsum als ein Indikator für Freizeit beträgt bei 15-Jährigen 1.200 Stunden – gegenüber 1.000 Stunden Schulbesuch.[70] Hier geht es nicht nur um die Menge der freien Zeit, sondern auch um die Qualität der Gestaltung. Was soll mit „Freizeit" erreicht werden? Wie trägt die Freizeitgestaltung zu diesen Zielen bei?

---

[69] Übrigens gibt es auch in der „normalen" Arbeitswelt das Phänomen, dass immer mehr Arbeit auf immer weniger Menschen verteilt wird. In Gebieten mit hoher Arbeitslosigkeit – insbesondere in den neuen Bundesländern – sind 50 Wochenarbeitsstunden ohne jeglichen Lohnausgleich keine Seltenheit. Aufgrund der Angst um den Arbeitsplatz wird diese Form der Ausbeutung schweigend hingenommen. Eine Lobby für diese Gruppe von Menschen scheint es nicht zu geben.

[70] Myrtek/Scharf, 2000. Natürlich sehen manche Menschen auch bei der Hausarbeit fern. Hier möchte ich mich nicht streiten. Unstreitig scheint mir, dass die Zahl der Stunden des TV-Konsums zugenommen hat.

Freizeitgestaltung ist daher in jedem Fall ein wichtiges Thema. Die Frage nach „zu viel" oder „zu wenig" Freizeit wird subjektiv sicher sehr unterschiedlich beantwortet werden und ist deshalb in unseren Breiten zweitrangig. Die Frage nach der Qualität hingegen scheint an Bedeutung zu gewinnen. Die gute Nachricht ist dabei aber auch: Freizeitgestaltung ist in den meisten Fällen ein relativ unproblematisches Einstiegsthema in der Ehevorbereitung. Paare reden relativ unbefangen und z. T. ausgesprochen gerne über ihre Freizeitgestaltung.

Hauptteil
Freizeitgestaltung gehört nicht unbedingt zu den bedeutendsten Faktoren für das Gelingen einer Partnerschaft. Die Möglichkeiten sind durch äußere Faktoren (insbesondere Zeit und Geld) begrenzt und durch bereits bestehende Interessen und Hobbys vorgegeben. Jedoch bietet sich das Thema gut für einen leichten und unkomplizierten Einstieg in die Ehevorbereitung an, weil es „ungefährlich" (d. h. wohl auch unverfänglich) ist und den meisten Paaren – zumindest in der Phase der Ehevorbereitung – einiges positiv Besetzte dazu einfallen dürfte. Dabei geht es sowohl um gemeinsam als auch um allein (ohne den Partner) verbrachte Freizeit. Allein diese Modifikation des Themas ist für manche Paare entlastend und schafft für die Diskussion eine hilfreiche Weite.

Stress oder Regeneration
Leider haben Ausprägungen der Spaßgesellschaft auch dazu geführt, dass Freizeit fast ausschließlich unter dem Aspekt des „Fun-Faktors" bewertet wird und immer weniger unter dem Aspekt der Erholung und Regeneration. Hier werden an die Freizeitgestaltung oft unrealistisch hohe Erwartungen und Anforderungen gestellt. Das kommt die „Konsumenten" nicht nur in finanzieller Hinsicht teuer zu stehen.[71] Viel problematischer ist der Zugewinn an Stress. Tatsächlich belegen

---

[71] Die „Freizeitindustrie" (man lasse sich nur einmal dieses Wortungetüm auf der Zunge zergehen!) ist ein boomendes Milliardengeschäft geworden, das mit aggressiver Werbung Bedürfnisse und Wünsche weckt, die mit dem ursprünglichen Ziel von Freizeit wenig zu tun haben.

neuere Forschungen immer deutlicher, dass viele Partnerschaften durch Stress zerstört werden.[72] Der Klassiker *Wir amüsieren uns zu Tode*[73] ist nicht nur für das Individuum und die Gesellschaft ein passender Titel, sondern zeigt gerade für die persönlichsten und intimsten Beziehungen problematische Konsequenzen auf.

Deshalb scheint es mir aus seelsorgerlicher Perspektive mehr als angebracht, das Thema Freizeitgestaltung mit Sabbat-Theologie zu verbinden. Die alte judeo-christliche Weisheit vom Ruhetag, den Gott als Teil des Schöpfungsaktes (1. Mo. 2,1–3) für den Menschen (Mk. 2,27) eingesetzt hat, birgt weit mehr als nur eine gesellschaftspolitische Mahnung gegen die Überhöhung wirtschaftlicher Profitinteressen auf Kosten des Menschen. Es geht auch um die Lösung des Individuums von seiner Ich-Bezogenheit als Sinn und Mittelpunkt des Lebens. Während die zwanghafte Suche nach immer neuen Kicks, immer größerem Unterhaltungswert, immer neuen Ego-Boostern nicht nur stresst, sondern auch vereinsamen und in mehrfacher Hinsicht verarmen lässt, befreit die Lösung vom eigenen Ich gerade für die Begegnung mit dem Du – eine Folge, die über den wöchentlichen Ruhetag hinaus in Partnerschaften hineinwirken kann und eine Alternative zu rast- und ruheloser Freizeitgestaltung ist. Gerade an dieser Stelle wird deutlich, wie ganzheitliche Seelsorge mit ihren theologisch geprägten Einsichten mehr bieten kann als rein sozialwissenschaftlich orientierte Beratung oder Therapie.

Fragen zur Freizeitgestaltung

Trotz all dieser grundlegenden Überlegungen muss das Thema in der Ehevorbereitung keineswegs „grundsätzlich" behandelt werden. Viel hilfreicher ist es, Freizeitgestaltung so konkret wie möglich anzusprechen und sich das Gespräch daraus entwickeln zu lassen. Hier ein paar Fragen als Anregung für das Gespräch mit dem Paar:

---

[72] Bodenmann/Guy, *Stress und Partnerschaft. Gemeinsam den Alltag bewältigen* (2001).

[73] Das Buch von Neil Postman ist in Deutschland bereits in 16. Auflage erschienen und scheint beim Leser einen Nerv zu treffen. Dennoch scheint die Aktualität des Werkes noch weiter zuzunehmen.

▓ Was macht das Paar gerne in seiner Freizeit?

▓ Gibt es gemeinsame Hobbys?

▓ Hat jeder Partner auch eigene Hobbys?

▓ Wie sieht es mit dem Gleichgewicht zwischen allein und gemeinsam verbrachter Freizeit aus?

▓ Wie schwer wird einem Partner das Alleinsein?

▓ Welche Qualität hat die Freizeitgestaltung in den Augen des Paares? (Von einer moralischen Bewertung der Freizeitgestaltung durch den Seelsorger ist abzuraten. Das Paar weiß selbst recht gut, wenn Freizeitgestaltung zu einem „Zeit totschlagen" *verkommt*.)

Lassen Sie sich von dem Paar erzählen, was den Partnern gefällt und was nicht. Schwerpunkt dürfen die positiven Erlebnisse sein. Das Verstärken von positiven Aspekten der Freizeitgestaltung ist weitaus hilfreicher als das Problematisieren von schwierigen Bereichen. Die Partner sollen lernen, wie sie Freizeit sinnvoll[74] nutzen können, nicht, was sie besser lassen sollen. Gerade im Bereich Freizeitgestaltung lässt sich ressourcenorientiertes Arbeiten leicht umsetzen. Sport und Spiel erfrischen nicht nur den Körper, sondern sind auch Chancen, den anderen zu entdecken, eigenen Gefühlen Ausdruck zu verleihen und Zeit zu einem positiven Erlebnis zu machen. Paare, die noch kein gemeinsames Hobby haben, dürfen getrost bestärkt werden, eines zu suchen.

Insbesondere bei kirchlich und freikirchlich gebundenen Paaren findet sich häufig ein hohes Engagement für gemeindliche Aktivitäten wie Jugendarbeit. Das ist erfreulich und kann durchaus ein „Hobby" sein (obwohl den wenigsten dieser Begriff dazu einfallen würde). Allerdings ist Freizeitgestaltung nicht nur ein „Geben", sondern auch ein „Nehmen". Deshalb ermutige ich solche Paare, auch Freizeitaktivitäten zu fördern, die nicht einem altruistischen Zweck dienen, sondern einfach „nur" der Erholung. Wichtig scheint mir an dieser Stelle auch, dass sich die Lebenserfahrungen nicht auf wenige oder sogar nur eine

---

[74] „Sinnvoll" meint hier „regenerativ", nicht notwendigerweise „produktiv". Sinnvolle Freizeitgestaltung kann durchaus „sinnlose" Aktivitäten wie „einfach nur abhängen" mit einschließen.

Gruppe von Menschen reduzieren. Wer viel im kirchlichen Umfeld tätig ist, kann durchaus davon profitieren, auch einmal mit „ganz normalen" Menschen Umgang zu haben.

Bei Paaren, die sich schwer tun, über Freizeitgestaltung nachzudenken, kann folgende Übung helfen, sich dem Thema und seiner Bedeutung zu nähern: Lassen Sie das Paar eine Liste von allen Freizeitaktivitäten erstellen, die den Partnern einfallen. Am besten, jede Freizeitaktivität wird auf einer Karteikarte festgehalten. Anschließend soll das Paar die Aktivitäten nach Kriterien ordnen, die für das Paar besonders relevant sind – z. B. „drinnen-draußen", „aktiv-passiv", „allein-gemeinsam", „kostspielig-preiswert". Auch „mehrdimensionale" Einordnungen sind denkbar und wünschenswert, doch sollte das System nicht zu komplex werden. (Achtung, für diese Übung braucht man Platz; der Teppichboden eignet sich gut zum Ausbreiten der Karten). In einer anschließenden Auswertung wird darüber gesprochen, welche Arten von Freizeitgestaltung besonders häufig vertreten waren, was das Paar für interessant und lohnend hält, welche Anregungen das Paar aus der Übung mitnimmt.

Hinweise auf weitere Themen

In der Ehevorbereitung ist das Thema „Freizeitgestaltung" aber oft auch in anderer Hinsicht sehr aufschlussreich. Wenn Sie mit einem Paar über Freizeit sprechen, achten Sie einmal darauf, wer entscheidet, was in der gemeinsamen Freizeit unternommen wird! Wessen Interessen werden berücksichtigt? Handelt es sich tatsächlich um gemeinsame Interessen, oder beugt sich ein Partner den Wünschen des anderen, um ihm zu gefallen oder einfach Zeit mit ihm zu verbringen? Mit anderen Worten: gerade beim Thema „Freizeitgestaltung" lässt sich viel über das Rollenverständnis und dessen Umsetzung, über Macht und Dominanz ablesen.

An dieser Stelle ist es wichtig, den Partner, der eher weniger zum Zuge kommt, besonders ausführlich zu Wort kommen zu lassen. Was sind seine Vorstellungen für eine gute Freizeitgestaltung? Welche Hemmungen verhindern es, entsprechende Wünsche zu formulieren? Um der Fantasie die Bremsklötze ein wenig zu lösen, frage ich auch, was die Partner gerne in der Freizeit unternehmen würden, wenn Geld keine Rolle spielte. Gerade die „verrückten" Einfälle geben oft sehr brauchbare Hinweise auf tiefe Bedürfnisse, die thematisiert werden sollten, selbst wenn Finanzen oder andere Gründe der Freizeitgestaltung enge Grenzen setzen. So eignet sich das Thema Freizeitgestaltung dazu, eigene Wünsche und Bedürfnisse wahrzunehmen und zu formulieren. Diese wichtige Fähigkeit der Selbstbehauptung lässt sich gerade deshalb hinsichtlich der Freizeitgestaltung gut üben, weil sie zumeist nicht als bedrohlich, sondern als positiv erlebt wird. Freizeitgestaltung ist somit ein gutes Tor zu anderen Themen der Paarbeziehung und der persönlichen Entwicklung.

Zusammenfassung

Freizeitgestaltung ist zumeist ein leichtes Einstiegsthema für die Paarberatung, da gerade verliebte Menschen zumeist viel und kreativ gestaltete Freizeit miteinander verbringen und hier gut und gerne erzählen. Doch darf dies nicht darüber hinwegtäuschen, dass es bei dem Thema auch um eine Ausgewogenheit zwischen allein und gemeinsam verbrachter Freizeit geht. Im Aushandeln der Freizeitgestaltung werden die Wahrnehmung eigener Bedürfnisse, die Fähigkeit zur Selbstbehauptung, aber auch Verzichtbereitschaft deutlich. Somit ergeben sich aus dem Thema viele weitere Gesprächsmöglichkeiten, die es in der Ehevorbereitung und darüber hinaus zu nutzen gilt.

10. Sexualität

Vorübung

Die Übung ist für Sie bestimmt. Ob Sie die Fragen auch mit Ihrem Partner/Ihrer Partnerin diskutieren wollen, ist Ihnen völlig frei gestellt. Beantworten Sie sich folgende Fragen und bemühen Sie sich, ehrlich zu sein:

■ Wie zufrieden bin ich mit meiner eigenen Sexualität?
■ Habe ich dieses Kapitel als Erstes aufgeschlagen? Wenn ja – warum? Wenn nein – warum nicht?
■ Wie stehe ich zum vorehelichen Geschlechtsverkehr, zu Petting und Selbstbefriedigung?
■ Wie habe ich diese Themen bewertet, als ich selbst eine junge Erwachsene/ein junger Erwachsener war?
■ Welche Spannungen gab oder gibt es zwischen kognitiver und emotionaler Einstellung?
■ Kann mich die sexuelle Geschichte von Ratsuchenden sexuell erregen?

Hinführung

Der Vater räuspert sich und spricht seinen 13-jährigen Sprössling an. „Mein Sohn, also ich glaube – na, ich meine nur ... äh ... ich denke, die Zeit ist gekommen, dass wir mal – naja – äh ... über Sex reden sollten." Darauf der Sohn: „Na klar, Vater. Was willst du wissen?" Eine immer häufiger werdende Erfahrung in Seelsorge und Beratung ist die Ungezwungenheit und Unbefangenheit, mit der junge Erwachsene über Sexualität reden. Selbst Jugendliche in frommen Kreisen wissen, was ein Orgasmus ist, welche Verhütungsmittel es gibt, sie haben Kenntnisse über Sexualpraktiken, die reifere (ältere) Christen nur mit Schwierigkeiten buchstabieren könnten. Wenn Paare in der Ehevorbereitung nicht darüber reden, dann oft deshalb, weil es für sie kein Anliegen ist oder sie uns als Seelsorger und Berater nicht erschrecken oder überfordern wollen!

Natürlich ist diese Darstellung eine grobe Vereinfachung der Tatsachen. Es gibt junge Männer, die trotz wissendem Gehabe die Zeit des

Eisprungs für die Zeit halten, in der keine Empfängnis möglich ist. Und es gibt junge Frauen, die lieber im Boden versinken würden, als sich über Sexualität – erst recht die eigene – in irgendeiner Weise zu äußern. Wir werden gleich sehen, wie damit umgegangen werden kann. Hier geht es mir zunächst um die Feststellung, dass für die meisten Ratsuchenden Sexualität kein außergewöhnliches oder tabuisiertes Thema mehr ist. Entspannen Sie sich also, falls Ihnen das Thema Probleme macht. Wenn dies aber die erste Seite ist, die Sie nach dem Studium des Inhaltsverzeichnisses aufgeschlagen haben, dann sollten Sie die Vorübung besonders ernst nehmen. Wir werden auf den folgenden Seiten darauf zurückkommen.

Hauptteil

Das Thema „Sexualität" ist vielfältig und vielschichtig und keineswegs auf Fragen der Sexualethik, der „Technik" oder der Familienplanung beschränkt. Allein schon unsere Identität ist sexuell. Wir sind als Menschen männlich oder weiblich[75] und so von Gott gewollt und angelegt (1. Mo. 1,27). Die Sexualität ist eine den Menschen wesentlich bestimmende und prägende Kraft. Allein schon deshalb lässt sich das Thema nicht aus einer Ehevorbereitung ausklammern. In dem Maße, wie ein Mann und eine Frau anwesend sind, ist auch das Thema Sexualität präsent.

Sexualität thematisieren

Auch wenn die Sexualität im Beratungsprozess „allgegenwärtig" ist, halte ich es für legitim zu fragen, ob und in welcher Weise und inwieweit „Sexualität" thematisiert werden muss. Die Unterschiede zwischen Mann und Frau können wohl ebenso als bekannt vorausgesetzt werden wie die grundlegenden „Fakten des Lebens", wie die englische Sprache die sexuelle Aufklärung umschreibt. Ist aber nicht alles

---

[75] Auf genetische Sonderformen, die höchst selten sind, kann hier ebenso wenig eingegangen werden, wie auf Transsexualität und andere Störungen der sexuellen Identität. Sie sind weitaus seltener, als Medienberichte manchmal suggerieren, und außerhalb des Themenbereiches dieses Buches. Gleichwohl sollten Seelsorger und Berater darauf eingestellt sein, auch mit diesen Themen konfrontiert zu werden.

Weitere eine Privatangelegenheit des Paares? Liegt nicht eventuell eine Gefahr darin, unter dem Deckmantel der seelsorgerlichen Hilfe einen „frommen" Voyeurismus zu betreiben? Oder ist es umgekehrt nur die eigene Angst vor dem Thema, eine aus eigenen unangemessenen Schamgefühlen erwachsende Vermeidung?

Ich glaube, dass es nicht nur legitim, sondern geboten ist, sehr behutsam mit dem Thema Sexualität umzugehen. Sehr schnell kann die eigene Erkenntnis, die eigene Freiheit zum Maßstab für andere erhoben werden. Eine Thematisierung gegen den Willen des Paares (oder auch nur eines einzelnen Partners) halte ich für eine subtile Form von sexueller Gewalt, die der sexuellen Selbstbestimmung erwachsener Menschen widerspricht. Dabei sei einmal dahingestellt, was denn den Seelsorger oder Berater zum Experten in Sexualfragen macht. Wenn in diesem Bereich keine besondere Qualifikation erworben wurde, entstehen neben den ethischen Problemen auch Fragen zur Kompetenz.

Andererseits habe ich bereits deutlich gemacht, dass das Thema – gewollt oder ungewollt – im Beratungsprozess präsent und zugleich zu wichtig ist, es auszuklammern. Deshalb dürfen und müssen wir dem Paar ein Angebot machen, das Thema Sexualität einbringen zu dürfen, ohne es selbst zu forcieren. Dabei lasse ich mich von Signalen des Paares leiten, wie früh und wie konkret ein solches Angebot formuliert wird. Die Bestandsaufnahme „PREPARE", mit der ich gerne arbeite, enthält auch Fragen zum Thema Sexualität. Wenn ich nach dem Ausfüllen des Inventars das Paar frage, welche Themen sie bei den Fragen erkannt haben, und Sexualität – die in den Fragestellungen eindeutig erkennbar ist – nicht genannt wird, so weiß ich, dass ich das Thema eher vorsichtig behandeln muss. Begriffe wie „Zärtlichkeit" und „körperliche Zuwendung" sind dann eher hilfreich als „Sex".

Überhaupt ist Sprache ein wesentlicher Aspekt, wenn Sexualität thematisiert wird. Ein rein medizinisches Fachvokabular – wie es häufig als „korrekt" empfohlen wird – ist ebenso problematisch wie der durchgängige Gebrauch von Vulgärsprache. Hier hat Ehevorbereitung die Chance, modellhaft eine möglichst ausgewogene Sprache einzusetzen, die für das Paar angemessen ist (also verstanden und angenommen wird), ohne die Wärme und Schönheit des Geschenkes Sexualität verloren gehen zu lassen. Dass dies keine leichte Aufgabe ist und auch sprachliches Einfühlungsvermögen in das Paar erfordert, sei gerne zugestanden.

Voreheliche Sexualität

Das Thema Sexualität bei der Ehevorbereitung ist wie kaum ein anderes von eigenen Wertmaßstäben geprägt. Die eigene Haltung zu vorehelicher Sexualität wird sich im Beratungsprozess widerspiegeln, selbst wenn sie nicht explizit benannt wird. Aus Gründen der Fairness und der Transparenz halte ich es allerdings für sinnvoll, sich die eigene Haltung bewusst zu machen und diese auch offen zu benennen, ohne sie zum bindenden Maßstab für unser Gegenüber zu machen. Selbst wenn wir glauben, unsere Haltung biblisch gut begründen zu können, sollten wir nicht vergessen, dass unser Wissen Stückwerk ist (1. Kor. 13,9) und wir auch nicht gerufen sind, über Verhalten oder gar Motive zu urteilen (Mt. 7,1ff).[76] Manchmal sind auch Erkenntnisse aus den Sozialwissenschaften hilfreich. Zahlreiche Studien in den USA weisen darauf hin, dass vorehelicher Geschlechtsverkehr sich nicht positiv, sondern eher negativ auf die spätere Ehe auswirkt. Eine ähnliche Studie in Deutschland hat ebenfalls keine positiven Wirkungen für vorehelichen Geschlechtsverkehr nachweisen können, aber auch deutlich gemacht, dass das Thema leicht überbewertet werden kann. So konnte nachgewiesen werden, dass zwischen vorehelicher Sexualität und ehelicher sexueller Zufriedenheit kein Zusammenhang besteht (Bochmann/Näther, 2002). Dieses Ergebnis ist vermutlich auch darauf zurückzuführen, dass zwischen Einstellung und Verhalten eine hohe Kongruenz besteht. Vor 20–30 Jahren war voreheliche Sexualität sehr häufig noch mit einem „schlechten Gewissen" verknüpft. Dementsprechend hat voreheliche Sexualität häufig zu vorbelasteter ehelicher Sexualität geführt. Heute

---

[76] Einen Versuch, eine biblische Sexualethik darzustellen, habe ich im einleitenden Kapitel von Bochmann/Näther (2002), *Sexualität bei Christen* unternommen. Selbstverständlich fällt auch jener Versuch unter die Kategorie „Stückwerk", kann aber vielleicht ein Ausgangspunkt zur Diskussion sein. Die dort ausgeführten, einen Rahmen bildenden Thesen lauten: Sexualität ist gut, Sexualität darf nicht tabuisiert werden, die Würde des Menschen ist unantastbar, Sexualität braucht Schutz.

hingegen sind sexuell aktive Jugendliche von der Vertretbarkeit ihres Tuns überzeugt und gehen trotz sexueller Vorerfahrungen vergleichsweise unbelastet in die Ehe. Andererseits scheinen jene Jugendliche, die voreheliche Sexualität ablehnen, durchaus auch Abstinenz leben zu können. Wenngleich diese Kongruenz zwischen Einstellung und Verhalten einen ethischen Diskurs über voreheliche Sexualität nicht aufheben kann und darf, ist die auch dadurch recht hohe sexuelle Zufriedenheit bei Ehepaaren zu begrüßen.[77] Eine moralisierende Haltung wird u. a. aus den oben genannten Gründen ihr Ziel verfehlen, selbst wenn sie theologisch begründbar ist. Forderungen nach sexueller Abstinenz für bereits sexuell aktive Paare, wie sie in der christlichen Literatur manchmal zu finden sind, mögen gut gemeint oder „richtig" sein, sie werden aber nicht greifen, wenn das Paar aufgrund des eigenen Wertesystems (das zumeist schon länger besteht als die Partnerschaft) und in Verantwortung voreinander eine eigene Entscheidung getroffen hat. Fühlt sich hingegen auch nur ein Partner mit der Entscheidung unwohl, so kann eine offene Auseinandersetzung zur Klärung der Werte beitragen. Hier erfordert die Würde des Menschen und der Respekt vor dem Partner große Rücksichtnahme, und das kann durchaus auch Verzicht bedeuten. Gleichwohl müssen konservativ orientierte Seelsorger und Berater aufpassen, nicht ihr eigenes Unwohlsein auf das Paar zu projizieren.

Umgekehrt aber macht es Sinn, sexuell abstinente Paare auf ihrem Weg zu ermutigen und zu bestärken. Das Ausleben (oder eben Nicht-Ausleben) der eigenen Sexualität von Werteentscheidungen und nicht von Triebsteuerung abhängig zu machen, scheint mir zutiefst menschlich (im Sinne einer Unterscheidung vom Tierreich) und sollte nicht nur respektiert, sondern gefördert werden. Für Paare, die sich für voreheliche Abstinenz entschieden haben, gehören vermutlich Sexualität und Verbindlichkeit zusammen. In der Ehevorbereitung gilt es dann, darüber zu nachzudenken, was noch nötig ist, das erforderliche Maß an

---

[77] Die gleiche Studie zeigte allerdings auch einen extrem hohen negativen Zusammenhang zwischen außerehelicher Sexualität und sexueller Zufriedenheit. Auch bei Untreue „nur" in Gedanken (vgl. Mt. 6,28) sind die Werte für sexuelle Zufriedenheit signifikant niedriger als bei sexuell treuen Paaren.

Verbindlichkeit herzustellen. Dabei ist zugleich darauf zu achten, dass die Erwartungen an die Sexualität nicht überhöht werden. Erfüllende Sexualität ist ein Lern- und Übungsprozess. Paare, die glauben, weil sie „gewartet haben", mit überreicher Ekstase belohnt zu werden, müssen sich zunächst auf Enttäuschungen gefasst machen. Gerade auch deshalb halte ich persönlich die Verknüpfung von Sexualität und Verbindlichkeit für so wichtig. So gibt es dann einen geschützten Raum, nach „Lust und Laune" zu üben, zu experimentieren und gemeinsam Erfahrenes weiter einzusetzen und zu verfeinern.

Im Hinblick auf die Tatsache, dass heute zumeist erst geheiratet wird, wenn der Höhepunkt sexueller Potenz bereits überschritten ist, wird häufig auch darüber nachgedacht, ob es so etwas wie eine „graduelle" voreheliche Sexualität gibt bzw. wie diese aussehen könnte. Etwas vereinfacht wird dieser Punkt in der Frage: „Wie weit darf ich vor der Ehe gehen?"[78], formuliert. Natürlich gibt es eine Reihe von Abstufungen sexueller Erfahrungen und Möglichkeiten. Wie bereits am Anfang des Kapitels erwähnt, können wir die Tatsache, dass wir sexuelle Wesen sind, nicht abschalten. Ob Küssen, Nacktheit, Petting, Oralsex[79] aber als „Kompromiss" tauglich sind, muss wohl dem einzelnen Paar überlassen bleiben. Aus seelsorgerlicher Sicht scheint mir bereits die Fragestellung problematisch, wenn sie von dem Paar gestellt wird. Es handelt sich vermutlich eher um einen nur dürftig kaschierten Gewissenskonflikt als um eine echte „Informationsfrage". Was genau soll durch das jeweilige Verhalten erreicht und was soll vermieden werden? Es geht also auch bei dieser Frage nicht so sehr um Sexualpraktiken als vielmehr um Werte bzw. um das Spannungsverhältnis zwischen Werten und Trieben.

---

[78] So z. B. H. Norman Wright (1981), bekannter evangelikaler Paartherapeut, in seinem in zahlreichen Auflagen erschienenen Klassiker *Premarital Counseling*. Er beantwortet die Frage mit expliziten Abstufungen und Grenzen, nach denen Petting oder gegenseitige Masturbation genauso Tabu sein sollten wie jegliche Aktivität, die den Sexualtrieb in unumkehrbarer Weise stimuliert.

[79] Gerade in den eher prüden USA ist Oralsex zu einem sehr weit verbreiteten Ersatz für Geschlechtsverkehr geworden. Weil Geschlechtsverkehr als unmoralisch verpönt ist, wird auf diese Variante sexueller Befriedigung zurückgegriffen.

Manch einem Leser mag das hier Geschriebene eher weltfremd und konservativ vorkommen. Hier wäre allerdings zu fragen, ob unser Weltbild vielleicht allzu sehr von den Medien geprägt wird, die z. B. sexuelle Aktivität so gut wie aller Jugendlichen als selbstverständliche Gegebenheit voraussetzen, was aber durch Studien eindeutig widerlegt ist.[80] Anderen werden die Überlegungen in diesem Abschnitt vielleicht als zu freizügig erscheinen. Falls ein solche Meinungsverschiedenheit aber moralisierende Züge erhalten sollte, sei doch abschließend der Hinweis auf Joh. 8,7 gestattet:

Wer unter euch ohne Sünde ist, der werfe den ersten Stein.

Aufklärung und Information

Neben der Klärung von Werten kann sich trotz oder gerade wegen der starken medialen Sexualisierung der Gesellschaft die Notwendigkeit in der Ehevorbereitung ergeben, Informationsdefizite hinsichtlich sexueller Fragen zu bearbeiten. Doch auch in diesem Fall ist es für die beratende Person wichtiger zu hören, als zu reden. Was wissen die Partner über Sexualität – und woher? Welche Formen von Zärtlichkeit und Zuwendung haben sie selbst bei ihren Eltern beobachtet? Welche Haltung haben sie gegenüber sexuellen Fragen entwickelt? Hat das Paar trotz der offenen Fragen eine Modalität gefunden, über die eigene Sexualität zu reden? Gibt es für die Partner Grenzen bei den Sexualpraktiken innerhalb der Ehe? Welcher Informationsbedarf besteht tatsächlich? Gibt es Fragen hinter den Fragen?

Manche Seelsorger und Berater sehen ihre Aufgabe darin, Aufklärung zu betreiben und das nachzuholen, was längst erreicht sein sollte. Hier kann schnell über die Grenzen des Arbeitsauftrages (Ehevorbereitung), aber auch der professionellen Kompetenzen hinausgegangen werden. Andere Seelsorger wiederum mögen sich unwohl oder überfordert fühlen, spezifische sexuelle Fragen zu beantworten. In beiden Fällen kann es angemessen sein, stattdessen auf Literatur aufmerksam

---

[80] In einer Studie mit ca. 1000 Jugendlichen zwischen 14 und 19 Jahren aus öffentlichen Schulen in Berlin und Brandenburg Ende der 90er Jahre zeigte sich, dass nur etwa $1/3$ der Jugendlichen koituserfahren waren (Bochmann/Näther, 2002).

zu machen, auch wenn es sicher stimmt, das ein Teil der „Aufklärungsliteratur" andere Wertmaßstäbe vertritt als ein christlich orientierter Seelsorger.[81] Genau deshalb ist das Gespräch über Werte wichtiger als über Fakten.

Trotz der hier beschriebenen Zurückhaltung sollte eine gute Grundkenntnis bei Seelsorgern und Beratern über menschliche Anatomie, Sexualität, Sexualpraktiken und Verhütungsmethoden selbstverständlich sein. Gerade Menschen mit einer guten theologischen und seelsorgerlichen Ausbildung haben oft Wissenslücken im Bereich der Sexualität (weil das eher selten zum Curriculum theologischer Ausbildungsstätten gehört), die zu Fehldeutungen oder auch Verlegenheiten führen können. Hier kann ein Heranwagen auch an umstrittene Literatur hilfreich sein.[82]

Zum Grundwissen in Seelsorge und Beratung gehören (leider!) auch mindestens rudimentäre Kenntnisse über Folgen sexueller Gewalt[83], die in der Ehevorbereitung zwar nicht behandelt, aber erkannt werden müssen. Die Häufigkeit des Auftretens sexueller Gewalt in christ-

---

[81] Die Bundeszentrale für gesundheitliche Aufklärung hat eine Reihe von kostenlos erhältlichen Broschüren für Jugendliche und junge Erwachsene, die sich als hilfreich erweisen können. Darüber hinaus bietet auch der christliche Büchermarkt eine Reihe von Publikationen, von denen viele allerdings Fragen beantworten, die heiratswillige junge Paare im deutschsprachigen Raum gar nicht stellen.

[82] Das übrigens deutschsprachige Buch *Wild Thing. Sextips for Boys and Girls* (Joannides, 1998) gehört zu den wohl umstrittenen, aber sehr erfolgreichen Aufklärungsbüchern, die in großer Offenheit Fragen (nicht nur) junger Erwachsener zur Sexualität erörtern. Wenngleich der Autor immer wieder darauf hinweist, dass er keine Werte vorgeben oder moralischen Vorentscheidungen treffen, sondern sich auf Information beschränken möchte, ist die lockere, humorvolle Sprache, die Aufmachung des Buches und wohl auch die Breite des Spektrums diskutierter Themen für manchen Christen eine Überforderung.

[83] Aus seelsorgerlicher, beraterischer und therapeutischer Sicht fallen unter diese Bezeichnung alle Verhaltensweisen, die ohne freie, uneingeschränkte Einwilligung aller Beteiligten stattfanden und gravierende negative Folgen für das Ausleben der eigenen Sexualität haben. Der Begriff „sexueller Kindes*miss*brauch" ist seit einiger Zeit umstritten, weil er sprachlich einen (natürlich nicht wirklich legitimen) „sexuellen Kindes*gebrauch*" impliziert, aber auch verharmlosender sein kann als der von der Sache her sehr treffende Begriff „Gewalt".

lichen Familien wird nach wie vor unterschätzt, weil nicht wahr sein kann, was nicht wahr sein darf. Es ist aber tragisch, wenn beispielsweise voreheliche sexuelle Enthaltsamkeit nicht aus Überzeugung, sondern aus einer Gewalterfahrung und daraus folgenden Unfähigkeit entspringt (Einbuße von Lustempfinden bis hin zu schmerzhaftem Vaginismus) und dies dann vom Seelsorger als besonders löblich dargestellt wird, weil er die wahren Zusammenhänge nicht erkennt. Das Thema sexuelle Gewalt benötigt Begleitung und Aufarbeitung, die zwar weit über die unmittelbaren Ziele und Möglichkeiten der Ehevorbereitung hinausgehen, doch sollte jeder in Seelsorge und Beratung Tätige über einen Fundus an Quellen und Verbindungen verfügen, über den vertrauenswürdige Einrichtungen oder Professionelle mit entsprechender Spezialisierung erreicht werden können.[84]

Zusammenfassung

Sexualität kann aus vielerlei Gründen ein „heikles" Thema sein. Es erfordert Offenheit sowohl auf der Seite des Paares als auch auf der Seite der Seelsorgerin oder des Beraters. Andererseits ist eine Überbetonung des Themas im Sinne einer „Unterweisung" oder gar einer voyeuristischen Kontrolle weder ethisch vertretbar noch hilfreich. Sexualität darf auch ein Geheimnis bleiben. Trotzdem müssen Professionelle in Seelsorge und Beratung über ein grundlegendes Fachwissen verfügen und insbesondere in der Lage sein, mit Erfahrungen sexueller Gewalt angemessen umzugehen.

---

[84] Brinkmann/Hoffmann (2003) haben mit ihrem *Handbuch sexuelle Gewalt* eine hervorragende Ressource herausgebracht, die einen vielschichtigen Überblick über die Problematik und hilfreiche Strategien zum Umgang mit sexueller Gewalt anbietet. Christliche Angebote zur Bearbeitung der Folgen sexueller Gewalt finden sich im Internet: www.weisses-kreuz.de und www.wuestenstrom.de. Hilfreiche Listen therapeutischer und beraterischer Angebote im christlichen Bereich bieten u. a. *Der Beratungsführer* 2003/2004 (Leben im Kontext e.V., 2002) und www.c-stab.de, außerhalb des christlichen Bereiches helfen Organisationen wie *Wildwasser* und *Zartbitter* weiter, aber auch alle anerkannten Ehe-, Familien- und Lebensberatungsstellen, die unter www.dajeb.de zu finden sind.

11. Kinder und Elternschaft

Vorübung

Wenn Sie Kinder haben:

■ Benennen Sie die drei größten Herausforderungen, die Sie hinsichtlich eines Kindes oder der Kinder erlebt haben.

■ Benennen Sie die drei größten Freuden, die Sie mit Ihrem Kind/Ihren Kindern erlebt haben.

■ Sprechen Sie mit Ihrem Partner/Ihrer Partnerin über Ihre Wahl. Welche drei Situationen hätte er oder sie gewählt?

■ Was davon möchten Sie Ihrem Kind jetzt oder später einmal erzählen?

Wenn Sie keine Kinder haben:

■ Reflektieren Sie darüber, weshalb Sie keine Kinder haben und ob Sie sich welche wünschen.

■ Was würde Ihnen am meisten Angst bereiten, wenn Sie Kinder hätten?

■ Was fehlt Ihnen, weil Sie keine Kinder haben?

■ Fühlen Sie sich in der Lage, über Kinder und Elternschaft in der Ehevorbereitung zu reden? Warum bzw. warum nicht?

Hinführung

Peter und Petra kommen zur Ehevorbereitung. Als es um das Thema Elternschaft geht, gibt der begeisterte Fußballer Peter an, er möchte einmal 11 Kinder haben. Petra, die im Controlling für die Firmenstatistik zuständig ist, zuckt zusammen und ruft entsetzt: „Nein, spätestens nach 1 ½ Kindern ist Schluss."

Dieser dezent übertriebene „Fall" kommt häufiger vor, als ich vermutet hätte. Viele Paare haben sich kurz vor der Heirat noch nicht zur gewünschten Kinderzahl ausgetauscht, geschweige denn geeinigt. Zu weit weg erscheint den Partnern das Thema, als dass man sich darüber Gedanken machen müsste. Fragen der Kindererziehung und Wertevermittlung sind entsprechend kaum im Bewusstsein. Wenngleich es sinnvoll ist, die Gründung einer Familie nicht gleich an den Anfang einer Ehe zu setzen, ist das Thema so bedeutsam, dass es in der Ehevorbereitung einen Platz finden sollte.

Hauptteil

Für die Ehevorbereitung unterscheide ich zwischen Fragen der Familienplanung und der Erziehung. Ob, wann und wie viele Kinder ein Paar haben möchte, ist eine qualitativ andere Fragestellung als die der Kindererziehung. Wie ausführlich die Fragen in der Ehevorbereitung behandelt werden, hängt sicher von vielen Faktoren ab, nicht zuletzt von der Reife des Paares und der Kommunikation zwischen den Partnern. Handelt es sich um ein Paar wie oben beschrieben, sollte sicher etwas mehr Zeit zum Gedankenaustausch investiert werden ...

Familienplanung

Das Thema Familienplanung umfasst mehr als die Frage von Verhütungsmethoden – obwohl auch diese geklärt sein sollte, bevor eine Schwangerschaft riskiert wird. Zunächst wird das Paar zu entscheiden haben, ob überhaupt Kinder erwünscht sind, wenn ja, ob es eigene oder „angenommene" (Pflege- oder Adoptivkinder) sein sollen. Meinungen gehen hier auch oder gerade bei christlichen Paaren weit auseinander. Während manche mit Hinweis auf die Schwierigkeiten der Endzeit, auf Überbevölkerung oder Not von Heimkindern, die erst zu lindern sei, auf eigene Kinder verzichten möchten[85], werden andere auf 1. Mo. 1,28 oder Ps. 127,3–5 verweisen, Kinder als Gottesgeschenk für unverzichtbar halten und in eigenen Kindern die Erfüllung des Auftrages zur Teilhabe an der Schöpfung sehen. Wieder andere wollen vielleicht eigene Kinder, wissen aber bereits, dass dies aus medizinischen Gründen nicht möglich ist. Bei den Gesprächen mit dem Paar muss der Seelsorger oder Berater sehr darauf achten, dass sein eigenes Wertesystem dem Paar nicht aufgedrängt wird. Auch wenn manche Argumente schwer nachvollziehbar sein mögen, bilden

---

[85] Der Verzicht auf Kinder aus rein hedonistischen Gründen ist – zumindest in christlichen Kreisen – bei jungen Paaren mit Heiratsabsichten eher selten. Will ein Paar erst einmal für sich sein, wird der Kinderwunsch zumeist eher aufgeschoben. Bei einer ausgeprägten hedonistischen Haltung wäre u. U. zu fragen, welche Funktion Kinder im Leben der Eltern erfüllen sollen.

sie einen wichtigen Teil der Realität des Paares oder des einzelnen Partners ab.

Problematisch kann es werden, wenn beide Partner unterschiedliche Positionen bezüglich des Kinderwunsches vertreten. Hier ist insbesondere für therapeutisch nicht ausgebildete Seelsorger und Berater mit starker persönlicher Überzeugung die Gefahr groß, Partei für eine Sichtweise zu ergreifen. Das untergräbt jedoch die Vertrauensbasis des Prozesses und raubt dem dann schwächeren oder „exotischeren" Partner die Chance, seine Position verständlich zu machen, geschweige denn sie zu verhandeln. Gerade bei diesen Konflikten ist es wichtig, sehr genau hinzuhören, sich einzufühlen und Brücken des Verständnisses zu bauen, ohne jedoch dem Paar diese Grundsatzentscheidung „leichter" machen zu wollen. Zur eigenen Gelassenheit kann die Erkenntnis beitragen, dass sich Meinungen ändern können.

Wann

In den meisten Fällen wird jedoch ein Kinderwunsch bestehen. Die nächste Frage ist, wann dieser Wunsch in Erfüllung gehen soll. Wenngleich Kinder nicht planbar sind wie Finanzierungen mit Bundesschatzbriefen, ermöglicht doch das Wissen um Empfängnis und Verhütung eine ausreichende Sicherheit, um Überlegungen, wann das erste Kind kommen soll, sinnvoll zu machen. Die Empfehlung wird zumeist lauten, dass sich das Paar drei bis fünf Jahre der Anpassung aneinander und der Gewöhnung an die Ehe gönnt, bevor der Kinderwunsch erfüllt wird. Dabei geht es gar nicht so sehr darum, ob der angestrebte Termin möglichst „zielgenau" eingehalten wird, sondern viel mehr um die Frage von Lebensentwürfen. Dies ist wichtig, damit überraschende Schwangerschaften keine Panik auslösen. In der Ehevorbereitung hilft die Kommunikation über Lebensentwürfe dem Paar darüber hinaus, sich besser kennen zu lernen.

Während es in der alten Bundesrepublik in den Nachkriegsgenerationen zunehmend üblich war, Kinder eher später zu bekommen[86], wur-

---

[86] Dazu trug seit den 6oer Jahren vor allem die Pille und allgemeinere Akzeptanz von Verhütung und seit den 7oer Jahren die Frauenbewegung bei, die Emanzipation stark mit beruflicher Verwirklichung verknüpfte, die sich (zumindest damals) jedoch (anders als in der DDR) eher schwer mit Familienaufgaben vereinen ließ.

den in der DDR Kinder eher in jungen Jahren geboren. Auch in evangelikalen Kreisen wird der Kinderwunsch – wenn auch wahrscheinlich aus anderen Gründen – eher früh erfüllt.[87] In jedem Fall scheint es mir wichtig, die grundlegende gesellschaftliche, aber auch familiäre Sozialisation des Paares in den gemeinsamen Gesprächen zu berücksichtigen. Dazu gehören nicht nur die Fragen, wo die Partner aufgewachsen und wie alt die eigenen Eltern sind, sondern auch die Frage nach den Werten, die hinsichtlich Kindern und Familie oder Beruf und Karriere vermittelt wurden.

Neben diesen Fragen der Werteorientierung und Sozialisation gibt es aber auch ganz praktische Überlegungen im Rahmen einer Familien- und Lebensplanung. Der Abschluss von Studium oder Berufsausbildung, familiäre Belastungen (Sorge für die Eltern) oder finanzielle Einschränkungen können die Terminierung des Kinderwunsches beeinflussen und sollten gegebenenfalls zu Sprache gebracht werden. Der Lebensstil des Paares mag auch im eigenen Erleben noch zu bewegt sein (z. B. buchstäblich durch viele Reisen) oder die Unzufriedenheit über das Zuhause, was Kindern geboten werden könnte, mag noch zu groß sein. Im letzteren Fall ist allerdings mit dem Paar zu diskutieren, welche Gewichtung solchen äußeren Gegebenheiten beigemessen wird.

Wie viel

Der „Fall" in der Hinführung mag eine Karikatur sein. Tatsächlich besteht über die Anzahl der gewünschten Kinder in der Ehevorbereitung häufig noch keine Einigkeit. Entweder das Thema wird noch nicht als relevant erlebt, oder aber es gibt sehr unterschiedliche Fantasien, über die jedoch oft erstaunlich wenig Austausch stattfindet. Ähnlich wie beim Zeitpunkt der Erfüllung des Kinderwunsches ist auch die Anzahl der gewünschten Kinder nicht wirklich planbar.

---

[87] War es in der DDR die starke staatliche Unterstützung und Propaganda (die Geburtenrate war politisch von großer Bedeutung), sowie – zumindest für Christen – die Chance, sich durch die Erziehung von Kleinkindern ein Stück aus „gesellschaftlichen" Verpflichtungen zu lösen, so war es bei evangelikalen Christen eher der hoch eingestufte Wert „Familie" sowie lange Zeit auch Skepsis gegenüber Verhütung.

Medizinische Gegebenheiten können die Realisierung ebenso einschränken, wie erste Erfahrungen mit eigenen Kindern. Umgekehrt kommt es selbst bei Einsatz von Verhütungsmitteln zu überraschenden Schwangerschaften.[88] Deshalb geht es gerade bei dieser Frage nicht um eine Festlegung, sondern um das Gespräch, den Austausch, die gemeinsamen Träume und Hoffnungen.

Bei einem christlichen Wertemodell wird sicher Haushalterschaft und Verantwortung auch bedeuten, nicht mehr Kinder in die Welt setzen zu wollen, als die finanziellen und sonstigen Möglichkeiten nahe legen. Doch ist dies ein sehr „relativer" Maßstab. Ist für die einen der Sozialhilfesatz durchaus ausreichend, denken andere an die Kosten einer guten Ausbildung oder reichlichen Aussteuer. Wollen die einen für jedes Kind ein eigenes Zimmer, halten andere die unbegrenzte Aneinanderreihung von Etagenbetten für die Sozialisation von Kindern für förderlich. Das Hauptaugenmerk kann hier auf die persönlichen Anforderungen an die Eltern gelegt werden. Wie viele Kinder schaffen sie zu erziehen, mit ausreichend Liebe und Geborgenheit zu versorgen – neben Beruf und anderen Verpflichtungen? Mit wie viel Unterstützung aus dem Umfeld (der weiteren Familie, dem Bekanntenkreis oder der Gemeinde) können sie rechnen? Ein solches Nachdenken kann die Perspektiven erweitern und den Kinderwunsch vergrößern oder reduzieren. Beides wäre deutlich besser als unreflektierte, unrealistische oder auch gegensätzliche Träume der Partner.

Ängste

Ehevorbereitung ist etwas sehr Persönliches und Individuelles. Auch Ängste und Sorgen können dort zur Sprache kommen. Gerade in Bezug auf Elternschaft kann es aber Ängste geben, die über das rein Private des Paares weit hinausgehen. Wenn Elternschaft kaum noch finanzierbar ist, wenn Kinder zu haben Menschen in die Nähe des

---

[88] Ich halte eine Unterscheidung zwischen „überraschenden" und „ungewollten" Schwangerschaften für immens wichtig, weil sie die Haltung gegenüber dem Kind beeinflusst. Mir ist es wichtig, Paaren deutlich zu vermitteln, dass eine überraschende Schwangerschaft eine sehr reale Möglichkeit darstellt. Die Reaktion darauf kann die Haltung zum Thema Elternschaft sehr deutlich werden lassen.

Asozialen rückt, wenn die Kinderfeindlichkeit einer Umgebung Druck ausübt, auf Kinder doch lieber zu verzichten, dann ist dies nicht nur eine Angst des Paares, sondern ein Armutszeugnis für die Gesellschaft![89] Wer Ehe und Familie fördern und stärken will, hat deshalb nicht nur Verantwortung und Aufgaben gegenüber jungen Paaren, sondern auch gesellschaftliche Verpflichtungen, sich für eine kinder- und familienfreundliche Politik einzusetzen.

Dies mag in einem Buch zur Seelsorge zunächst sehr merkwürdig klingen, aber haben Sie schon einmal daran gedacht, sich bei Ihrem Bundestagsabgeordneten über die Sparmaßnahmen im Bereich Familie oder Bildung zu beschweren? Könnten Sie auf lokaler Ebene in Gremien mitarbeiten, die über Erhalt oder Schließung von Freizeitangeboten für Kinder und Jugendliche beraten? Welche Angebote macht Ihre Kirchengemeinde für Familien mit Kindern, die jungen Eltern das Leben erleichtern? Positive Beispiele von Kinder-, Jungschar- oder Pfadfinderarbeit, von Jugendgruppen, Frauenfrühstück mit Kinderbetreuung, Babysitting oder Familiengottesdiensten gibt es sicher genug, um Anregungen zu bekommen. Die wachsende Anzahl christlicher Kindergärten und Schulen halte ich ebenfalls für ein wichtiges Signal in die Gesellschaft hinein. Gerade in einer Zeit, in der der Staat nicht mehr alles leisten kann, was für die Generation der „werdenden Großeltern" noch selbstverständlich war, gibt es viele Möglichkeiten, Zeichen für angemessene Prioritäten zu setzen und Hoffnung für die Zukunft zu bauen.

Nach diesem gesellschaftspolitischen Exkurs soll es aber doch noch einmal zurückgehen zur Ehevorbereitung im engeren Sinne. Wenn Paare beim Thema Elternschaft Sorgen wie die oben genannten äußern, reicht es sicher nicht, gemeinsam mit ihnen über die böse Welt zu lamentieren. Vielmehr ist zu schauen, welche Fördermöglichkeiten und Unterstützungen tatsächlich vorhanden sind, um jungen Paaren auch zu Kindern Mut zu machen. Übrigens ist dies weniger eine „psychotherapeutische" Intervention als viel mehr eine „sozialarbeite-

---

[89] Auch wenn wir in einer Wohlstandsgesellschaft leben, nimmt die Armut insbesondere bei kinderreichen Familien drastisch zu – mit langfristigen Folgen. Waren Kinder in früheren Jahrhunderten die beste Altersversorgung (vgl. Ps. 127), bewirken sie heute auf der persönlichen Ebene eher das Gegenteil!

rische" Maßnahme. Das macht noch einmal die Vielfalt von Ehevorbereitung im Sinne von Beratung deutlich. Informationen dazu sind beim Jugendamt, beim Sozialamt – aber oft noch besser bei Beratungsstellen kirchlicher Träger (Diakonie oder Caritas) erhältlich.

Erziehung

Wenn sich junge Paare für Kinder entscheiden, macht es auch Sinn, über Fragen der Erziehung mit ihnen nachzudenken. Viele halten dies in der Ehevorbereitung für verfrüht, es gehe ja schließlich nicht um eine Erziehungsberatung. Natürlich geht es nicht darum, Probleme lösen zu wollen, die überhaupt noch nicht da sind – und vielleicht nie auftauchen werden. Doch zeigt sich sehr häufig, dass allein das Stichwort „Erziehung" stark emotionalisierte Diskussionen bei Paaren auslösen kann. Unterschiede in der eigenen Erziehung werden vehement verteidigt oder aber mit solchem Nachdruck als irrelevant zurückgewiesen, dass von einer sehr prägenden Wirkung auszugehen ist (selbst wenn die Wirkung lautet: wir werden es einmal anders – sprich: besser – machen).[90]

Erziehungsstil

Bei der Diskussion des Erziehungsstiles ist es zumeist wenig hilfreich, abstrakte Theorien eines autoritären oder *„laissez-faire"*-Modells mit entsprechenden Zwischenstufen zu erörtern. Viel sinnvoller ist es, das Paar über die eigenen Erfahrungen mit Erziehung reden zu lassen. Wie war die eigene Erziehung? Wer bestimmte über was? Welche Maßnahmen der Disziplinierung wurden ergriffen, wenn Kinder nicht den Vorstellungen und Wünschen der Eltern entsprachen? Gab es stehende Redewendungen wie: „Warte, bis der Papa nach Hause kommt"? Wurden Konflikte thematisiert und diskutiert oder von oben herab kraft elterlicher Autorität gelöst – oder aber ignoriert? Wie wurde Verantwortung verteilt?

---

[90] In der Eheberatung stellen Eltern immer wieder erstaunt fest, wie ähnlich sie ihren eigenen Eltern in den Verhaltensmustern geworden sind. Es ist schlicht eine Illusion zu glauben, dass die Abneigung gegenüber bestimmten selbst erfahrenen Erziehungsformen dagegen immunisiert. Das Gegenteil scheint eher zuzutreffen! Dies gilt übrigens leider auch hinsichtlich körperlicher Gewalt. Deshalb ist hier auf Signale besonders zu achten.

Konservativ orientierte Christen werden auch in Erziehungsfragen eher konservativ denken. Nicht selten werden durch die gesellschaftliche Prägung hier aber auch kognitive Dissonanzen erzeugt. Was für ein christliches Ideal gehalten wird, deckt sich oft nicht mit dem, was die Gesellschaft oder neuere sozialwissenschaftliche Forschung für richtig hält. Das wohl drastischste Beispiel ist die Frage nach körperlichen Strafen. Darf ein Kind geschlagen werden? Der Stand der heutigen Pädagogik und Psychologie sagt recht eindeutig „nein". Es hilft dem Kind nicht und baut auch nicht wirklich die Autorität der Eltern. Die Gefahr, dass körperliche Gewalt unter dem Deckmantel einer erzieherischen Maßnahme nur dem Spannungsabbau der Eltern dient, ist groß, der Übergang zur Misshandlung fließend, wird aber zunehmend strenger definiert. Manche Christen verweisen nun auf Spr. 13,24 und die Rute, die nicht geschont werden soll. Sie stehen mit diesen widersprüchlichen Weltsichten in einem inneren Konflikt. Die Lösung kann nicht sein, die Bibel zu relativieren, aber wohl auch nicht, vor neueren Erkenntnissen und gesellschaftlichen Erfordernissen den Kopf in den Sand zu stecken. Vielmehr sind Austausch und Gespräch nötig, um Klarheit zu gewinnen. Dabei sind Harmonisierungsversuche nach dem Motto: „Na, dann züchtigen wir etwas weniger kräftig", oder: „Wir strafen nicht im Affekt, sondern ganz gezielt, in aller Ruhe, nach entsprechender Erklärung"[91] oft eher grotesk als wirklich hilfreich.[92]

---

[91] Gerade dieses Argument klingt sehr vernünftig, ist es aber nicht. Wohlüberlegte und -dosierte körperliche Gewalt, frei von Emotionen, ist (falls überhaupt möglich) die größere Grausamkeit, oft gespeist aus einem latenten oder „christlich übertünchten" Sadismus.

[92] In einer übrigens ansonsten sehr konservativen Vorlesung wurde ein anderer Lösungsansatz zu den entsprechenden Texten vorgetragen, der mich sehr überzeugte. Der Begriff „Züchtigung" ist nicht Ausdruck körperlicher Gewalt, sondern ein In-die-Zucht-Führen oder modern formuliert: Erziehung zu einem selbstbestimmten, nicht durch Impulse oder Triebe, sondern durch bewusste Entscheidungen gesteuerten Leben. Die „Rute" ist dann auch keineswegs ein „Prügel", sondern ein Zeigestock oder Stab (Ps. 23), ein Instrument der Wegweisung. Wenngleich die Rute – ähnlich wie der Rohrstock der alten Schule – multifunktional gewesen sein mag, erscheint mir diese Deutung dem biblischen Gesamtzeugnis zu entsprechen, das Lehren und Lernen (5. Mo. 4,1; 6,1; 32,1; Spr. 1,32 etc.), Frage und Antwort (2. Mo. 14,13; 5. Mo. 6,20; Jos. 4,6), Vermehren der Weisheit (Spr. 1,2–7 etc.) viel stärker in den pädagogischen Mittelpunkt stellt als etwa Bestrafung.

Religiöse Kindererziehung

Im christlichen Kontext halte ich es auch für geboten, über die religiöse Kindererziehung nachzudenken. Hintergrund ist nicht so sehr die Sorge, dass Kinder nicht ausreichend im Sinne der eigenen Konfession beeinflusst werden, als vielmehr die Feststellung, dass biblisches Grundwissen insgesamt bei Kindern zurückgeht. Gehörten biblische Geschichten noch vor ein bis zwei Generationen zur Allgemeinbildung, so gibt es im Kindergottesdienst heute immer mehr Kinder, denen zu Namen wie Adam oder Eva, Abraham oder Noah, geschweige denn David oder Daniel nichts einfällt. Dies hat sicher unterschiedliche Gründe. Der moderne Lebensstil mit seiner Hektik und wenig Zeit zum Geschichten-Erzählen, das Internet, das Gespräche durch Chats abgelöst hat, und der Fernseher als Ersatz für religiöses Familienleben mögen zu den gewichtigeren Gründen gehören. In nicht wenigen Wohnzimmern bildet das multimediale Entertainment-Center geradezu einen imposanten Hausaltar, vor dem man mit der Spielkonsole zwischen den Händen andächtig niederkniet ...

Aber es gibt auch andere, wohl durchdachte Gründe für eine „dezentere" religiöse Erziehung. Das Kind solle einmal selbst entscheiden, lautet eine häufige Forderung. Der Wunsch, sich aus einer engen und zugegebenermaßen oft ungesunden religiösen Erziehung zu befreien, die z. T. höchst fatale Gottesbilder vermittelt hat,[93] das Streben nach Toleranz und Vielfalt gegenüber Einseitigkeiten tragen dazu bei, die Vermittlung von Glaubensinhalten in der Erziehung eher „vorsichtig" anzugehen. Die Bilder der religiösen Erziehung bei fanatisierten fundamentalistischen Moslems tun ein Übriges, traditionelle religiöse Kindererziehung in Frage zu stellen. Natürlich haben diese Argumentationen Schwachstellen. Wie soll sich ein Kind für etwas entscheiden, das es nicht kennt? Ist das Gegenteil von enger und ungesunder Erziehung tatsächlich *keine* Erziehung? Ist religiöser Drill tatsächlich alles, was einem zur religiösen Kindererziehung einfallen könnte? Ich

---

[93] Der mit erhobenem Zeigefinger drohend gesprochene Satz: „Der liebe Gott sieht alles", gehört zu solchen krank machenden Gottesbildern (vgl. Frielingsdorf, 1997, 2001; Giesekus, 2001). Allerdings scheint mir davon die gegenwärtige und kommende Elterngeneration kaum noch wirklich betroffen zu sein.

möchte solche Argumente durchaus ernst nehmen, aber gerade deshalb auch bereits in der Ehevorbereitung diskutieren. Auch hier sind wieder die eigenen Kindheitserfahrungen der Partner wichtig und aufschlussreich. Wie haben sie die religiöse Erziehung damals erlebt? Was hat sie beinhaltet? Gab es Kinderbibeln oder ähnliche Bücher, an die sie sich erinnern? Welche Rolle spielte Kirche oder Gemeinde in der Kindheit? Wie bewerten die Partner diese Erfahrungen aus der Rückschau? Welche Schlussfolgerungen möchten sie für die religiöse Erziehung der eigenen Kinder ziehen? Welche geistliche Verantwortung nimmt das Paar schon jetzt wahr? Solche Fragestellungen können helfen, ein Bewusstsein zu schaffen, das nicht erst in der fernen Zukunft – wenn denn Kinder da sind – Wirkung hat, sondern vielleicht (vorbereitend) schon in der Gegenwart. Die Pflege des eigenen Glaubenslebens (siehe Kap. 14) wird nicht nur als gelebtes Modell oder Vorbild die beste Basis für eine gesunde religiöse Kindererziehung sein.

Zusammenfassung

„Kinder und Elternschaft" ist ein wichtiges Thema für die Ehevorbereitung, weil es zum einen wesentliche Fragen der Lebensentwürfe und Lebensgestaltung betrifft, zum anderen auch Einblicke in die Werte der Partner vermittelt (nicht nur dem Beratenden, sondern vor allem dem Paar selbst!). Starke Unterschiede in den Wertvorstellungen sind eine Aufforderung, gemeinsame Werte zu finden oder zu entwickeln.[94] Hierzu gehört auch explizit die Frage nach der religiösen Kindererziehung.

---

[94] Siehe auch Gottman (2002), dessen siebtes „Geheimnis der glücklichen Ehe" lautet: „Schaffen Sie einen gemeinsamen Sinn."

12. Die lieben Verwandten

Vorübung

Gehen Sie in Gedanken die Verwandten Ihres Partners/Ihrer Partnerin durch und reflektieren Sie folgende Fragen:

- Was weiß ich über die einzelnen Personen über den Namen hinaus?
- Wer ist mir sympathisch, wer eher unsympathisch?
- Warum ist das so?
- Wie haben diese Menschen meinen Partner/meine Partnerin im Laufe des Lebens beeinflusst?
- Nimmt jemand von diesen Personen heute noch zu viel Einfluss auf unser Leben?

Wenn Sie in keiner Partnerschaft leben, stellen Sie sich analoge Fragen aus der Sicht eines potenziellen Partners über Ihre eigenen Verwandten (also z. B.: „Wer von meinen Verwandten wäre meinem Partner/meiner Partnerin wohl eher sympathisch, wer eher unsympathisch?").

Hinführung

„Wer war der glücklichste Ehemann?", fragt ein zugegebenermaßen etwas platter Witz. Die Antwort lautet: „Adam. Er hatte keine Schwiegermutter." Witze über böse Schwiegermütter, ihre Eifersucht, ihre Einmischungsversuche, ihr zerstörerisches Potenzial gibt es zuhauf. Glücklicherweise decken sie sich selten mit der Realität. Dennoch sind die Schwiegermütter und die anderen „lieben Verwandten" ein enorm wichtiges Thema für die Ehevorbereitung. Gerade junge, verliebte Paare, die nur Augen für sich selbst haben, unterschätzen die Tatsache, dass eine Heirat immer auch Heirat einer ganzen Familie bedeutet. Vater, Mutter, Geschwister, Onkel, Tanten und sonstige Verwandten sind Teil des „Deals" – ob wir wollen oder nicht –, auch in Zeiten der Kleinfamilie und allein erziehenden Elternteile.

Früher empfahl man jungen Frauen, sehr genau zu beobachten, wie der erwählte junge Mann mit seiner Mutter umging, und jungen Männern, wie das Verhältnis zwischen Vater und Tochter war, um daraus

Rückschlüsse für die mögliche Entwicklung der eigenen Partnerschaft zu ziehen. Das war vielleicht gar nicht so verkehrt. Mutter-Sohn- und Vater-Tochter-Beziehungen sagen viel über das Rollenverständnis eines Menschen aus, über Verantwortungsbereitschaft und Bindungsfähigkeit. So ist die Frage, ob das Kind eine Art „Partnerersatz" war oder tatsächlich Kind sein durfte, nicht unwesentlich. Auch die Konkurrenzen zwischen Geschwistern mag das Verhältnis zu den Eltern beeinflussen. Natürlich hat eine solche Bestandsaufnahme auch Grenzen. Ein aufschlussreicher Anfang können solche Beobachtungen dennoch sein.

Eher hinter vorgehaltener Hand wurde darüber hinaus auf das Aussehen der Eltern hingewiesen. Dass leibliche Kinder ihren Eltern nicht nur im Verhalten ähnlich sind, sondern auch körperlich ähnliche Entwicklungen durchlaufen können, ist kein großes Geheimnis. Die Braut mit dem kahlköpfigen Schwiegervater sollte durchaus damit rechnen, dass das volle Haar ihres Bräutigams schon bald schütter werden könnte. Und der Jüngling, der die gertenschlanke Tochter einer doch eher „stabilen" Mutter heiratet, darf sich getrost fragen, ob er in späteren Jahren auch mit einer robuster aussehenden Frau leben möchte. Hier unterschätzen übrigens eher Seelsorger und Berater die Relevanz des Themas, die doch mehr über „innere Werte" nachdenken und gerade von den Äußerlichkeiten wegkommen wollen.

In jedem Fall ist das Thema der „lieben Verwandten" wichtig und aufschlussreich und wird für die Ehevorbereitung ein bedeutsames Kapitel sein. Vermutlich ist das Thema umso wichtiger, je mehr das Paar es zu vermeiden sucht!

Hauptteil

Die Auseinandersetzung mit den Verwandten, insbesondere den Eltern, respektive Schwiegereltern des Paares können zahlreiche Hinweise auf mögliche Entwicklungen in der Partnerschaft geben. Sie können Anhaltspunkte zum Verständnis der Paardynamik geben. Haben die Eltern etwa eine ausgeprägte Streitkultur gehabt, wird dies z. B. genauso bei dem Paar zu spüren sein wie die permanente Konfliktvermeidung. Ging es in der einen Herkunftsfamilie eher turbulent und lebhaft zu, in der anderen aber eher leise, sind manche Missverständnisse und Spannungen zwischen den Partnern ebenso zu verstehen wie die Anziehung, die beide aufeinander ausüben. Und schließlich: Die Reaktion der „lieben Verwandten" auf die Partnerschaft hat oft eine erschreckend hohe Treffsicherheit. Gerade das mögen Heiratswillige gar nicht so gerne hören – selbst wenn die Verwandten positiv auf die Beziehung reagieren. Der Wunsch nach eigenständiger Entscheidung ist einfach größer, und die Liebe wird als ultimatives Kriterium über alle etwaigen Bedenken gesetzt. Hier bietet Ehevorbereitung eine enorme Chance, von außen und unabhängig von familiären Bindungen und Loyalitäten mit dem Paar über die Verwandtschaft nachzudenken.

Genogramm

Bei der Arbeit mit Paaren ist es nötig, sich zunächst einen gewissen Überblick zu verschaffen. Dazu kann ein Genogramm sehr hilfreich sein, weil es starke Emotionen zunächst bindet, einen gemeinsamen optischen Fokus bietet und auf sehr sachlicher Ebene Zusammenhänge aufzeigt, die dann Ausgangspunkt für weitere Gespräche sein können. Während in der problemorientierten Eheberatung Genogramme eher dazu dienen, familiengeschichtliche Ursachen von Konflikten aufzudecken, wird dieses Mittel in der Ehevorbereitung zumeist weniger dramatischen Einsatz finden, sondern dem „Kennenlernen" der Familie dienen.

Dabei sind Genogramme nichts weiter als für die Sozialwissenschaften standardisierte Stammbäume.[95] Die verwendeten Symbole sind einfach und helfen, einen schnellen Überblick zu gewinnen, Parallelen und Ähnlichkeiten, aber auch krasse Unterschiede in Familiengeschichten zu erkennen. Dennoch werden Genogramme oft sehr viel komplexer und unübersichtlicher, als man zunächst meinen möchte. Das ist menschliches Leben! Die Komplexität eines Genogramms ist ein Hinweis auf komplizierte (und potenziell problematische) Familiengeschichten.

---

[95] Vorsorglich ist darauf hinzuweisen, dass es leicht voneinander abweichende „Dialekte" bei Genogrammen gibt. Auch die Komplexität mancher Familiengeschichten erfordert ein gutes Maß an Flexibilität und Kreativität in der Umsetzung des Genogramms.

Die häufigsten Symbole in Genogrammen:

männlich/weiblich	☐ ○	Zwillinge	
verheiratet		eineiige Zwillinge	
außerehel. Beziehung		Fehlgeburt/Abtreibung	
Trennung		enge Beziehung	
Scheidung		extrem enge Beziehung	
leibliches Kind		verstorben	⊠ ⊗
angenommenes Kind			

Ein Genogramm sollte mindestens drei Generationen umfassen (bei Anwendung in der Familientherapie werden sogar vier bis fünf Generationen aufgenommen). Wissenslücken beim Paar können Anlass sein, in der Familie nachzufragen. Wer keine Ausbildung und Erfahrung mit Genogrammen hat, sollte sich mit Interpretationen sehr zurückhalten.[96] Es geht vor allem darum, sich einen Überblick zu verschaffen, nicht zu deuten! Manchmal fallen dem Paar selbst „Merkwürdigkeiten" ins Auge. Hier lässt sich das Paar gut fragen, welche Bedeutung oder Auswirkung diese oder jene Eigenheit für die Beziehung haben könnte.

---

[96] Ich empfehle dringend, in diesem Fall zunächst ein Genogramm der eigenen Familie zu erstellen und zu reflektieren – gegebenenfalls auch mit dem Partner oder der Partnerin zu diskutieren. Darüber hinaus gibt es Fortbildungen und Literatur zu dem Thema. Allerdings ist bei Verwendung eines Genogramms in der hier beschriebenen Weise keine komplette systemische familientherapeutische Ausbildung erforderlich.

Genogramm des Autors (Ausschnitt)

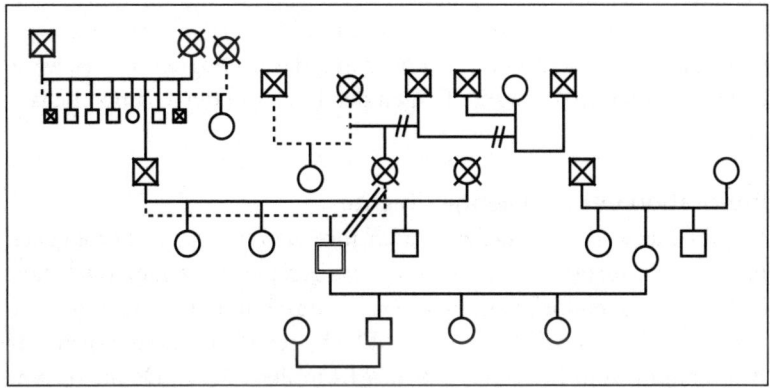

Das Genogramm macht anschaulich, wie komplex Familiengeschichten sein können. Der Autor (Quadrat mit Doppellinien) ist uneheliches Kind einer allein stehenden Mutter und eines verheirateten Vaters (alle inzwischen verstorben). Der Großvater väterlicherseits hatte neben seinen acht ehelichen Kindern auch ein uneheliches Kind. Der Großvater mütterlicherseits ließ sich von seiner Frau (der leiblichen Großmutter des Autors) scheiden, um eine damals sehr junge Witwe zu heiraten. Die Mutter des Autors wuchs bei dieser Stiefmutter auf, die sich wiederum von ihrem Mann scheiden ließ und später ein drittes Mal heiratete. Ihre leibliche Mutter hatte nach der Scheidung ein Verhältnis mit einem Mann, aus dem eine Tochter hervorging. Vielleicht erklärt auch dieser Ausschnitt aus dem Genogramm das Interesse des Autors am Thema Ehevorbereitung ...

Arbeiten mit Genogrammen sind grundsätzlich auch gut für Ehevorbereitungsgruppen geeignet. Allerdings halte ich es für ethisch und therapeutisch bedenklich, wenn ein Paar durch die Darstellung seines Genogramms vor der gesamten Gruppe bloßgestellt oder vorgeführt wird (und sei es nur zu „Demonstrationszwecken").[97] Soll das Geno-

---

[97] In der Bloßstellung von Teilnehmern, der suggerierten Autorität und Überlegenheit (bis hin zum Heilsanspruch) und der „Aura des Nicht-Kritisierbaren" liegt übrigens die Hauptkritik an manchen populären Therapieverfahren begründet. So werden in Familienaufstellungen nach Bert Hellinger (die als Methode durchaus effektiv sein mögen) häufig Menschen vor großem Publikum bloßgestellt und anschließend mit dem, was aufgebrochen ist, allein gelassen! Der Materialdienst der EZW (Utsch, 2003) berichtet, dass sich auch der Vorstand des 1.500 Mitglieder starken Fachverbandes für Systemische Therapie und Familientherapie (DGSF) von solchen Methoden distanziert.

gramm am praktischen Beispiel dargestellt werden, kann der Gruppenleiter oder die Gruppenleiterin sein eigenes Genogramm erläutern. Ansonsten gehört das Genogramm zur Privatsphäre des einzelnen Paares. Auch in der Gruppe kann das Genogramm paarweise erstellt werden und etwaige Fragen des Paares in der Gruppe behandelt werden.

Integration der Familiengeschichte

Es gibt Paare, die versuchen, durch ihre Beziehung vor der eigenen Familiengeschichte zu fliehen. Teilweise geschieht das ganz buchstäblich, wenn Jugendliche von zu Hause „durchbrennen" oder so früh wie gesetzlich möglich heiraten. Doch geschieht diese Form der Abgrenzung vom Elternhaus auch auf subtilere Weise. Damit verbindet sich der Wunsch – und die Illusion! –, einmal alles ganz anders (und natürlich besser) machen zu wollen, als es zu Hause war. Leider funktioniert das in den seltensten Fällen. Das klassische Beispiel ist die häusliche Gewalt. Recht häufig erklären Eltern, die ihre Kinder schlagen, sie seien auch geschlagen worden und wollten es gerade deshalb in der eigenen Elternschaft anders machen! Der Einfluss der Familie bleibt bestehen. Im Gegenteil, je mehr ein Mensch sich bemüht, alles genau ins Gegenteil zu verkehren, desto mehr ist er an die eigene Familiengeschichte gebunden.

Andererseits werden Familienmuster und Traditionen oft auch unreflektiert übernommen. Was jemand für sich als „normal" oder „selbstverständlich" für sich übernimmt, wird oft auch dem Partner/der Partnerin zugemutet. Unterschiedliche Sichtweisen werden oft gar nicht für möglich gehalten. Dass es aber gewaltige Unterschiede in Traditionen und Vorgehensweisen geben kann, merkt das Paar spätestens zu Weihnachten! Gibt es *erst* die Geschenke und *dann* die Lieder – oder umgekehrt (falls überhaupt Weihnachtslieder gesungen werden)? Gibt es Gans oder Würstchen? Wer wird wann von wem besucht? Es sind oft die Kleinigkeiten, die deutlich machen, dass bei jeder Hochzeit eine ganze Familie geheiratet wird.

Für die Ehevorbereitung wünsche ich mir deshalb Raum für Geschichten und Erzählungen aus der Kindheit. Wie war es in der Herkunftsfamilie? Wie wurden Feste gefeiert? Wer kam häufiger zu

Besuch? Wie sah der Alltag aus? Wer oder was bot Geborgenheit und wird gern erinnert? Ganz nebenbei erfahren die Zuhörenden (Seelsorger und Partner!) etwas über Rollenverständnis, Dominanz und Führung in der jeweiligen Familie, sowie die Funktion der verschiedenen Familienmitglieder. In einem weiteren Schritt kann dann überlegt werden, welche dieser Geschichten auch in die gegenwärtige Beziehung Eingang finden sollen und welche in einem imaginären „Fotoalbum" oder einer „Kiste" für den „Dachboden" verschwinden sollen. Wichtig dabei ist, dass auch die ungeliebten Geschichten Teil der Biografie bleiben. Sich von Zeit zu Zeit daran zu erinnern kann helfen, den notwendigen, aber auch gelassenen Abstand zu halten.

Die Reaktion der Eltern

Die Frage, wie die Eltern auf die Beziehung des Paares in der Ehevorbereitung reagiert haben, ist in vielerlei Hinsicht aufschlussreich. Wissen die Eltern überhaupt von der Beziehung bzw. ihrer Ernsthaftigkeit? Wissen es beide Elternteile oder nur ein Elternteil? Stehen die Eltern der Beziehung eher positiv oder eher skeptisch gegenüber? Sind den Partnern auch Begründungen für die elterliche Sicht der Dinge bekannt? Gerade junge Erwachsene mutmaßen oft ein mangelndes Verständnis der Eltern (insbesondere, wenn sie sich kritisch äußern) oder unterstellen eine mangelnde Bereitschaft, das eigene Kind loszulassen und in das Erwachsensein zu entlassen. Das wird aber insgesamt nicht durch Fakten gedeckt. Im Gegenteil – die Reaktion der Eltern auf eine Beziehung ist ein sehr guter Prädiktor für den Erfolg oder die potenziellen Schwierigkeiten der sich anbahnenden Partnerschaft.

Wer selbst Kinder im heiratsfähigen Alter hat, kann das wohl besser nachvollziehen. Eltern wollen tatsächlich meist das Beste für das eigene Kind und kennen es oft auch besser, als das Kind vermutet und als es sich selbst kennt. Natürlich gibt es auch Eltern, die klammern und den Sohn oder die Tochter nicht loslassen wollen (können?). Doch selbst in solchen Fällen ist oft eine sehr präzise Wahrnehmung der Eltern vorhanden, warum eine bestimmte Partnerwahl kritisch zu betrachten sei. Das Problem ist also nicht die mangelhafte Wahrnehmung oder gar die böse Absicht der Eltern, sondern die Unfähigkeit verliebter Menschen, Beobachtungen, Ratschläge, Bedenken von den Eltern (oder auch anderen Verwandten, ja selbst von Freunden und Bekannten) in einer solchen Situation anzunehmen. Auch bei dem besten Eltern-Kind-Verhältnis muss es dem verliebten jungen Mann oder der verliebten jungen Frau wie eine unangemessene Einmischung und Miesmachen vorkommen, wenn die eigene Begeisterung für einen Menschen nicht uneingeschränkt geteilt wird. Kluge Eltern werden sich deshalb mit ihrem Urteil sehr zurückhalten.

Wie aber kann die Reaktion der Eltern in der Ehevorbereitung genutzt werden? Wohl nicht, indem Partei für die Eltern ergriffen wird, die es doch „sicher nur gut meinen"! Es ist aber möglich und nach meiner Erfahrung sinnvoll, nach der Reaktion der Eltern zu fragen und diese vom Paar erläutern zu lassen. Auch die Frage, wie das Paar mit etwaigen Bedenken umgeht, heißt nicht, dass Partei für die Eltern ergriffen würde. Vielmehr ergibt sich daraus die Gelegenheit, über die Einlassungen der Eltern zu reflektieren – oft mit erstaunlichem Erfolg. Wenn die Eltern hingegen das Paar aus Überzeugung oder aus „taktischen" Gründen loben, idealisieren, aufbauen, ohne auch nur die geringsten Bedenken oder Sorgen zu äußern, lasse ich das Paar gern spekulieren, was denn die Eltern kritisch anmerken würden, wenn sie dazu gedrängt würden. Auch diese Übung macht deutlich, dass Paare im Grunde um die Treffsicherheit der Eltern wissen. Natürlich gilt auch hier: Keine Regel ohne Ausnahme. Aber auch Ausnahmen bieten wertvollen Gesprächsstoff.

Zusammenfassung

Über Eltern, Schwiegereltern und das übrige verwandtschaftliche Netzwerk des Paares zu sprechen hilft, Hintergründe der Paardynamik besser zu erkennen und sich auch mit kritischen Punkten der eigenen Geschichte auseinander zu setzen. Ob dazu einfach ein Gespräch über die Familiengeschichte, kreative Mittel, ein Genogramm, die Familienstrukturkarte (Kap. 15) oder andere Methoden beitragen, hängt sicher vom Arbeitsstil und der Ausbildung der beratenden Person ab. Doch selbst wer sonst nicht mit einem systemischen Modell arbeitet, kann einer Binsenwahrheit nicht ausweichen und wird sich auf sie einstellen müssen: Wer heiratet, heiratet eine ganze Familie.

13. Rollenverständnis

Vorübung

Reflektieren Sie über folgende Fragen und machen Sie sich Stichpunkte dazu, bevor Sie das weitere Kapitel lesen.

- Halten Sie Gleichberechtigung für erstrebenswert?
- Was bedeutet Gleichberechtigung für Sie?
- Wenn Sie sich mit dem „durchschnittlichen Paar" im deutschsprachigen Raum vergleichen, halten Sie Ihr Rollenverständnis für ähnlich, deutlich gleichberechtigter oder deutlich traditioneller?
- Wie positionieren Sie sich theologisch (z. B. zu Eph. 5 und Gal. 3)?
- Wenn Sie in einer festen Partnerschaft leben: Wie sieht die Realität der Rollenverteilung aus (konkrete Haushaltsführung, Finanzverwaltung, Entscheidungsbefugnisse etc.)?
- Welche Mutmaßungen ziehen Sie aus diesen Fragestellungen über den Autor des Buches – und warum ist das so?

Hinführung

„Alle Tiere sind gleich – nur die Schweine sind gleicher", formulierte George Orwell in seiner antikommunistischen Satire *Farm der Tiere*. Manchmal kommt es mir so vor, als werde in einigen christlichen Kreisen ähnlich argumentiert, um mit dem Spannungsfeld zwischen heutiger Gesellschaft und kirchlicher Tradition zurechtzukommen. „Gleichberechtigung – ja, aber ...", ist häufiger zu hören als ein klares „Ja" oder eindeutiges „Nein". Das Thema ist ja auch wahrlich nicht so einfach, wie es manche Darstellungen des postmodernen, androgynen Menschen uns weismachen wollen.

Aus meiner Beratungstätigkeit erahne ich, wie viele Frauen sich entsprechend den Erwartungen ihrer Freikirche ihren Männern unterordnen, dies auch richtig finden und zugleich immens darunter leiden. Ich habe viele Männer kennen gelernt, die starke Frauen nicht ertragen können. Ich habe innerkirchliche Diskussionen über die Ordination der Frau miterlebt, die mir sowohl hinsichtlich des zweifelhaften Umgangs mit der Bibel wie auch mit „Kontrahenten" das Blut in den Adern gefrieren ließ. Es wäre nicht ganz unberechtigt, mir bei dem

Thema Gleichberechtigung eine gewisse Voreingenommenheit zu unterstellen. Allerdings hoffe ich auch, dass Überzeugungen und Erfahrungen nicht dazu führen, einen Dialog abzubrechen, sondern gerade dazu anregen.

Hauptteil

Am Anfang der Überlegungen ist vielleicht die Frage hilfreich, ob „Gleichberechtigung" und „Rollenverständnis" überhaupt identische Themen sind! Der Gleichberechtigungsgedanke der Frauenemanzipation der 70er und frühen 80er Jahre des letzten Jahrhunderts hat nicht nur wegen seiner Radikalität im Auftreten und der ungewohnten Vehemenz in den Forderungen in christlichen Kreisen Gegnerschaft provoziert, sondern auch wegen mancher inhaltlicher Fragwürdigkeiten.[98] Ob Frauen tatsächlich die besseren Männer sind, ist eine Frage, die *so* kaum einer mehr stellen würde. Gesellschaftlich wurden wir von einem Pluralismus überholt, dessen Spektrum vom androgynen Menschen bis zu „echten" Männern (der weiche, verständnisvolle Mann der 80er und frühen 90er Jahre gilt heute schon wieder als „Weichei" und „Warmduscher") und ihre Weiblichkeit lebenden Frauen[99] reicht. Alle diese Varianten gelten als gleichermaßen akzeptiert und werden als Bereicherung der Gesellschaft in ihrer Vielfalt gesehen.[100]

Gerade Protestanten, die sich historisch seit jeher für Glaubens- und Gewissensfreiheit eingesetzt haben, ja dafür bereit waren zu sterben, sollten vorsichtig sein, diesen Pluralismus von vornherein zu verdam-

---

[98] Ein klassisches Beispiel ist der Satz der Abtreibungsbefürworter: „Mein Bauch gehört mir", der eine Frage der Sozialethik in den Bereich der privaten Beliebigkeit verschieben wollte (leider mit erheblichem Erfolg!) und zugleich Emanzipation darin sah, die für *diesen* Bauch mitverantwortlichen Männer von jeglicher Mitsprache auszuschließen.

[99] Gerade die Esoterikwelle hat der Weiblichkeit nahezu geheime Kräfte und Fähigkeiten beigemessen, die einen zuvor (bis in die 80er Jahre des letzten Jahrhunderts) noch sehr mittelalterlich anmutenden Hexenkult wieder aufleben ließ.

[100] Zu dieser Form pluralistischer Gleichberechtigung gehört übrigens auch die Emanzipation der Homosexuellen, die durch das öffentliche Bekenntnis des Regierenden Bürgermeisters von Berlin, Wowereit: „Ich bin schwul – und das ist gut so", eindrucksvoll dokumentiert wurde.

men. Vielmehr muss es darum gehen, innerhalb dieser Vielfalt eine eigene, Identität stiftende Position zu finden. Das ist keine leichte Aufgabe, und die Versuchung, dies mithilfe von Feindbildern zu tun, ist groß. Allzu leicht wird dabei übersehen, dass z. B. eine (vermeintlich oder tatsächlich) biblische Begründung nur den überzeugen wird, der die Bibel als Gottes Wort akzeptiert.

Theologische Überlegungen

Mit der Bibel könne man fast alles beweisen, wird oft behauptet. Leider wird dies auch häufig versucht. Die Ergebnisse sind teilweise haarsträubend. Woher aber nehme ich die Gewissheit, dass mein biblischer Ansatz der richtige ist? Ich möchte mit meinen Überlegungen zu einem sehr heiklen Thema weder eine „letztgültige" Erklärung abgeben, noch möchte ich die Ernsthaftigkeit derer in Frage stellen, die eine andere Position vertreten. Ich möchte anregen, um ein angemessenes biblisches Rollenverständnis zu ringen, statt vordergründig Meinungen anzunehmen und zu verteidigen, ohne sie durchdacht zu haben. Weil das Thema dieses Buches bei weitem gesprengt würde, wenn hier alle Aspekte beleuchtet würden, habe ich einige Texte herausgegriffen, die vielleicht zu einseitigen Interpretationen verleiten, ohne jedoch so eindeutig zu sein.

Schöpfungsordnung

Ein häufiges Argument gegen ein gleichberechtigtes Rollenverständnis wird in der Schöpfungsgeschichte selbst gesehen. Schließlich sei Adam zuerst erschaffen, Eva erst an zweiter Stelle. Was dieses Argument über das Verhältnis zwischen Mensch und Tier aussagen würde, sei hier einmal unberücksichtigt. Viel entscheidender ist der Begriff „Gehilfin", wie Luther ihn übersetzt. Eva als eine Art „Hilfsmensch" ist eine Implikation, die so zwar niemand formulieren würde, aber dennoch latent oft gedacht wird – von Männern und Frauen. Dabei wird zwar häufig betont, dies sei eine Rollenzuschreibung, eine Aufgabenverteilung, keine Minderwertigkeit – doch lässt gerade diese Emphase sehr hellhörig und skeptisch werden.

Das Argument ist aus mindestens zwei Gründen sehr problematisch. Zum einen ist das Ebenbild Gottes nach 1. Mo. 1,27 nicht männlich –

und eine spätere Ergänzung weiblich, sondern wird Gottesebenbild-
lichkeit durch „männlich" *und* „weiblich" ausgedrückt. Zum anderen
ist das Wort, das Luther mit „Gehilfin" übersetzt, keineswegs ein
Begriff, der eine „Assistenz", also eine niedere Rolle beinhaltet! Das
Wort, das dort im Hebräischen verwendet wird, findet sonst nur noch
auf Gott selbst Anwendung. Gott ist eine „Hilfe" für den Menschen, die
Hilfe, die der Mensch braucht, weil er sonst nicht leben könnte. Gerade
dieser Begriff des Helfers wird für Eva verwendet – gewiss kein Grund,
in der Schöpfungsordnung eine männliche Dominanz zu sehen. Unter-
strichen wird diese Tatsache ohnehin durch die Geschichte selbst. Die
jüdische Tradition formuliert sehr deutlich, dass Gott Eva nicht aus dem
Kopf des Adam geschaffen habe und sie über ihm sei, auch nicht aus
dem Fuß, dass sie unter ihm sei, sondern aus seiner Seite, dass sie neben
ihm sei, eine Partnerin, ein Gegenüber, ein Du.
Schwieriger wird das Argument des Sündenfalls und der Einwurf des
Paulus. Hier ist in der Tat zu fragen: Was hat der Sündenfall verändert? Hat er Frauen gegenüber Männern „geschwächt"? Daran führt
wohl kein Weg vorbei. Ob nun diese Geschichte als ursächlich oder als
Deutungsversuch für die körperliche Unterschiedlichkeit und „Unter-
legenheit" von Frauen verstanden wird, ist in der Konsequenz relativ
unerheblich. Frauen und Männer sind nicht gleich – das gilt für jede
einzelne Körperzelle. Aber beim Rollenverständnis geht es eben nicht
um Gleichheit, sondern um Gleichberechtigung. Hier, glaube ich, dürfen wir gerade als Christen die Kraft des Evangeliums nicht unterschätzen, durch das die Folgen des Sündenfalls neu geordnet werden.

Gal. 3,28

Paulus hat interessanterweise nicht für die Befreiung der Sklaven
gekämpft. Er hat Onesimus sogar zu seinem Herrn zurückgeschickt
(siehe sein Brief an Philemon). Dennoch spricht er von einer Aufhe-
bung einer Unterschiedlichkeit zwischen Sklaven und Freien, Juden
und Heiden (Griechen), Männern und Frauen. Das muss für einen
Leser der damaligen Zeit höchst anstößig gewesen sein. Hintergrund
des Galaterbriefes war ja der Versuch einiger jüdischer Christen, die
Heidenchristen per Beschneidung erst zu Juden machen zu wollen.
Paulus polemisiert vehement dagegen. Der Text in Gal. 3 ist in gewis-

ser Weise ein Höhepunkt seiner Argumentation. Er argumentiert gerade nicht mit der Gleichheit aller Menschen, sondern mit der Gleichberechtigung. Vor Gott und damit in der christlichen Gemeinde gibt es keine unterschiedliche Zugangsberechtigung zu Gott – mit oder ohne Beschneidung, für Freie wie als für Sklaven, für Männer wie als für Frauen.[101] Sollte diese Einsicht nicht auch Folgen für das Zusammenleben zwischen den Nationen, zwischen Arbeitgebern und Arbeitnehmern (lesen Sie doch einmal nach, was Paulus dem Philemon schreibt!), zwischen Männern und Frauen haben? Es geht nicht um Patriarchat oder Matriarchat, es geht auch nicht um die Frage: Wer kocht, wer wäscht ab und wer verdient das Geld?, sondern um das Eingeständnis, dass Männer den Frauen in ihrem Zugang vor Gott nichts vorausahaben und damit gleichberechtigte Partner sind.

Eph. 5,21ff

Der Textabschnitt, den Luther mit „die christliche Haustafel" überschrieben hat, wird ebenfalls oft herangezogen, um ein Rollenverständnis festzuschreiben, das missverständlich sein kann. Frauen sollen sich unterordnen und sollen im Gegenzug dafür von ihren Männern geliebt werden. Ich bezweifle weder, dass Frauen sich unterordnen sollen, noch dass Männer ihre Frauen lieben sollen, aber ich glaube nicht, dass man dem Textabschnitt gerecht wird, wenn man ihn mit Vers 22 beginnen lässt. Vergleicht man unterschiedliche Bibelübersetzungen, so beginnen manche den Abschnitt mit Vers 21, andere mit Vers 22. Der Textbefund im Griechischen ist dabei völlig eindeutig. Vers 22 lautet nämlich wörtlich übersetzt: „Ihr Frauen den Männern". Ein Verb kommt überhaupt nicht vor, sondern muss vom Vers davor bezogen werden. Mit anderen Worten, Vers 21 ist eine Art Über-

---

[101] Jüdische Männer dankten in ihrem Morgengebet, dass sie nicht als Heiden und nicht als Frau geboren wurden. Dahinter steckt nicht unbedingt Chauvinismus, sondern tatsächlich die Überzeugung, dadurch einen besseren Zugang zu Gott zu haben. Diese unterschiedliche Berechtigung wurde auch in der Architektur des Tempels deutlich. Frauen durften nur in den zweiten Vorhof, Heiden gar nur in den dritten Vorhof. Nach Eph. sind diese Trennungsmauern in Christus eingerissen.

schrift: „Ordnet euch einander unter." Es folgt dann eine ausführliche Erklärung, was Unterordnung bedeutet. Diese Ausführungen beziehen sich auf unterschiedliche Gruppen von Menschen und deren soziale Beziehungsgeflechte: Frauen und Männer, Eltern und Kinder, Arbeitnehmer und Arbeitgeber (der Textabschnitt reicht bis Eph. 6). Dabei ist auffällig, dass der Gedanke gegenseitiger Unterordnung in den jeweiligen Beispielen immer wieder deutlich wird. So wird von den Kinder nicht nur Gehorsam verlangt, sondern auch umgekehrt von den Eltern, ihre Kinder nicht zu provozieren etc.

Interessant ist in diesem Zusammenhang auch der Vergleich zwischen Männern und Christus. So wie Christus die Gemeinde geliebt hat, so soll der Mann seine Frau lieben. Manche Männer sehen darin den ultimativen Beweis ihrer Vorherrschaft. Doch wird das Christus nicht gerecht, der sich ganz buchstäblich untergeordnet hat, indem er Mensch wurde und bis zum Letzten ging und die Demütigung des Kreuzestodes über sich ergehen ließ (Phil. 2,8). Für mich ist das beeindruckendste Bild der Unterordnung und des Dienstes die Fußwaschung. Jesus – der ja Herr und Meister ist – ordnet sich unter und wäscht seinen Jüngern die Füße (Joh. 13), eine Tätigkeit, die sonst Sklaven zukam. Mit anderen Worten: Im Hinweis auf Jesus ist es nicht die Herrschaft, sondern die Unterordnungsbereitschaft in der Selbsthingabe, die den Vergleichspunkt in Eph. 5 bildet.

Sich unterordnen – gegenseitig unterordnen – ist das Mittel gegen Machtansprüche und Machtmissbrauch. Gerade durch die Kraft des Evangeliums dürfen wir von dem Zwang befreit sein, Macht ausüben zu müssen. Wenn die Fragen der Macht und des Zugangs zu Gott geklärt sind, bleibt aber dennoch die Frage, ob Frauen und Männer nicht unterschiedliche Rollen, Aufgaben und Funktionen haben.

Spr. 31,10–31

Die häufige Vermutung in manchen konservativ-christlichen Kreisen, „Hausfrau und Mutter" sei eine Berufung, die Berufstätigkeit ausschließlich dem Mann überlässt, ist eine Wahrnehmung, die erst seit der Industrialisierung überhaupt denkbar geworden ist. Im ländlichen Haushalt hat die Frau sehr wohl zum Erwerb beigetragen – durch Garten-, Feld- und Handarbeit. Eine der beeindruckendsten Darstellun-

gen findet sich im „Lob der tüchtigen Hausfrau", wie Luther den Textabschnitt überschrieb. Hier ist die Frau – modern ausgedrückt – völlig eigenverantwortlich
unternehmerisch tätig. Sie ist sowohl „berechtigt" als auch „befähigt",
unterschiedliche und vielfältige Rollen zu übernehmen und offensichtlich gut auszufüllen. Das „Heimchen am Herd", auf das Frauen
manchmal reduziert werden sollen, gleicht in dieser Beschreibung eher
einer „Superfrau".

Gleichberechtigung oder ein anderes Rollenverständnis
Die meisten Sozialwissenschaftler sind sich heute einig, dass ein gleichberechtigtes Rollenverständnis eine gute Basis für eine Paarbeziehung
ist. Natürlich ließe sich argumentieren, dass auch Wissenschaftler von
den Werten ihrer Zeit und Umwelt geprägt sind. Was per Definition als
grundlegend „gut" festgeschrieben ist, muss ja auch vom Ergebnis quasi
per Definition „gut" sein. Kultur insgesamt ist aber wandelbar. Was in
der heutigen Kultur funktioniert, muss in einer anderen Kultur keineswegs wirksam sein. Auch der biblische Befund wird immer durch eine
bestimmte geschichtlich und kulturell getönte Brille erhoben werden.
Daraus ergeben sich Konsequenzen für die Paarberatung.

Selbstdarstellung und Realität
Weil es die Kultur geradezu verlangt, werden sich junge Paare zumeist
eher als gleichberechtigt darstellen. Wenn es aber darum geht, die
„Gleichberechtigung" zu konkretisieren, gibt es oftmals Überra-
schungen, insbesondere bei Aufgaben der täglichen Haushaltsführung. Da lassen sehr „gleichberechtigt" denkende Männer die Frauen
gerne den Abwasch allein machen. Wegen solcher Diskrepanzen ist es
wichtig, Einstellung und Umsetzung des Rollenverständnisses deutlich zu unterscheiden. Für das Gelingen der Partnerschaft ist nicht die
(angebliche) Einstellung entscheidend, sondern was tatsächlich im Alltag geschieht. Auch in umgekehrter Richtung kann es dabei Überra-
schungen geben. Da gibt es die sehr traditionell orientierte Frau, die
ihren Mann kochen lässt, weil er es einfach besser kann.
An den Beispielen mag deutlich werden, dass für eine sinnvolle Diskussion des Themas Ehrlichkeit und eine gemeinsame Sprache erforderlich

sind. Ehrlichkeit ist notwendig, um nicht nur Klischees zu bedienen, die in Wirklichkeit gar nicht gelebt werden. Sonst kommt es irgendwann zu Enttäuschungen, weil sich Selbstbetrug nie durchgängig leben lässt. Die gemeinsame Sprache ist nötig, um zwischen Gleichberechtigung und den Rollenverständnissen zu unterscheiden. Was genau wird unter „Gleichberechtigung" verstanden, was unter „Rollenverständnis"? Hier besteht zumeist ein enormer Klärungsbedarf.

Gleichberechtigt oder traditionell

Will man aber an der Unterscheidung „gleichberechtigt" versus „traditionell" festhalten, so liegt das Problem nicht so sehr in der einen oder der anderen Haltung, sondern in einer gegensätzlichen Haltung. Sind sowohl Mann als auch Frau traditionell orientiert, wird die Beziehung genauso tragfähig sein wie bei einem gleichberechtigten Paar. Problematisch wird es, wenn unterschiedliche Rollen- und Wertvorstellungen die Partnerschaft prägen. Insbesondere wenn der Mann ein traditionelles, die Frau aber ein progressiveres Rollenverständnis leben möchte, sind Probleme vorprogrammiert. Hier können Differenzen auftreten, die im Extremfall eine Beendigung der Beziehung nach sich ziehen können. Da Ehevorbereitung aber nicht Ehe um jeden Preis zum Ziel hat, kann sich Seelsorge und Beratung auch auf heftige Auseinandersetzungen einstellen, ohne harmonisieren zu müssen. Ehrlichkeit und Offenheit kann hier Klärung schaffen – und das ist gut so.

Entscheidungskompetenz

Natürlich wird es in den seltensten Fällen darum gehen, dass der Mann alle Entscheidungen trifft. Aber auch die Vorstellung, alle Entscheidungen müssten gemeinsam und im Konsens getroffen werden, ist recht unrealistisch. Im grauen Alltag werden manche Entscheidungen vom Mann, manche von der Frau und manche von beiden gemeinsam getroffen werden. Genau dies meine ich mit „Rollenverständnis". Gaben und Fähigkeiten, Interessen und Neigungen werden Rollenverteilungen und das damit verbundene Berechtigungsgefüge bestimmen. Entscheidungskompetenz ist keine Frage des Geschlechts, sondern der zu erfüllenden Aufgabe oder der übernommenen Rolle.

Männer, die in einem sehr traditionellen oder gar macho-orientierten Selbstbild verhaftet sind, können hier vielleicht reflektieren, was es heißt, Entscheidungskompetenzen der Partnerin zu überlassen, bzw. die Folgen bedenken, wenn sie alle Entscheidungen selbst zu treffen hätten. Sehr traditionell und unterwürfig agierende Frauen können gleichfalls angeregt werden, darüber nachzudenken, was wirklich passieren würde, wenn alle Entscheidungen dem Mann überlassen würden. Selbstverständlich ist umgekehrt auch eine „gleichberechtigte" konsensuale Haltung, die alles gemeinsam und paritätisch entscheiden müsste, im Alltag wenig praktikabel. Stattdessen ließe ein solches Bemühen auf Unselbständigkeit und Unreife schließen.

Gerade am Stichwort „Entscheidungskompetenz" wird deutlich, dass es in der Praxis nicht „*die* Gleichberechtigung" oder „*das* traditionelle Verhalten" gibt. Vielmehr ist es eine freie Entscheidung des Paares, Rollen und Aufgaben mit den dazugehörigen Befugnissen und Entscheidungskompetenzen entsprechend seinen Vorstellungen und Neigungen zu verteilen. Dieser Prozess der Verhandlung sollte so konkret und alltagstauglich wie möglich gestaltet werden, um nicht durch „Grundsatzfragen" der Realität auszuweichen. So kann der Prozess als stimulierend und von alten Festschreibungen entlastend erlebt werden. Der Berater oder die Beraterin darf hier moderieren und Mut machen, auch ungewöhnliche Wege zu gehen, sofern beide Partner dies wollen. Kommt es zu Differenzen, geht es nicht darum, zu schlichten oder „Schiedsrichter" zu spielen, sondern die Gelegenheit zu nutzen, Konfliktlösungsstrategien zu üben.

Zusammenfassung

Gleichberechtigung ist im Licht des biblischen Zeugnisses im ursprünglichen und im letzten Sinne – nämlich dem Zugang zu Gott – theologisch nicht in Frage zu stellen. Das Rollenverständnis sollte sich deshalb nicht zwischen „gleichberechtigt" und „nicht gleichberechtigt" entfalten, sondern unter Berücksichtigung von Gaben und Fähigkeiten, Interessen und Neigungen in einem gemeinsamen Prozess mitsamt den dazugehörigen Entscheidungskompetenzen zugeordnet werden. Je praktischer und konkreter eine solche Rollenverteilung erfolgt, desto alltagstauglicher wird sie sein.

14. Spiritualität

Vorübung
Welchen der folgenden Sätze stimmen Sie eher zu?
■ Glaubensfragen in der Ehevorbereitung zu behandeln dient einer unangemessenen Vergeistlichung ganz alltäglicher Anliegen.
■ Die Spiritualität eines Menschen ist seine Privatangelegenheit.
■ Geistliches Leben eines Paares zu hinterfragen, gehört zur seelsorgerlichen Verantwortung.

Legen Sie jemandem in irgendeiner Weise Rechenschaft über Ihre eigene spirituelle Entwicklung ab? Wenn ja, wem und warum? Wenn nein, warum nicht? Welche Konsequenzen hat das für Ihre Arbeit mit Paaren?

Hinführung
Ein berühmter Epidemiologe wollte untersuchen, welche Faktoren zu einem langen und gesunden Leben beitragen. So untersuchte er etwa 30.000 Menschen über einen Zeitraum von 20 Jahren auf vierzehn Faktoren – von „genetischer Prädisposition" über „ausreichend Schlaf" bis hin zu „gesunder Ernährung". Nun hatte dieser Forscher eine schon recht betagte Großmutter, die ihr hohes Alter auf ihren Glauben und ihr Gottvertrauen zurückführte. Weil der Forscher ein höflicher (und neugieriger) Enkel war, nahm er auch noch diesen Faktor in seinen Katalog auf. Zu seiner Überraschung erwies sich dieser Faktor als der bedeutsamste von allen 15 und auch bei Kombinationen von Faktoren als ausschlaggebend![102] Spiritualität als nachgewiesener Gesundheitsfaktor darf uns Mut machen, das Thema anzusprechen. Zahlreiche Untersuchungen zeigen, dass Glauben ebenso ein wesentlicher Faktor der Paarbeziehung ist.[103] Dabei ist nicht so sehr die Kon-

---

[102] Das klingt fast wie ein Witz und wird oft gerade von Christen in Frage gestellt, doch handelt es sich bei der Studie von Grossarth-Maticek tatsächlich um eine bahnbrechende Studie, die den Nutzen von Prävention in eindrucksvoller Weise belegt.

[103] Bochmann/Näther 2002, Bochmann 1993, Greeley 1991, Larsen 1986.

fession entscheidend, auch nicht die Konfessionsgleichheit, sondern die Glaubensbindung. Eine hohe Glaubensbindung steht mit guten Werten in anderen Bereichen der Partnerschaft in einem direkten Verhältnis. Andrew Greeley (1991), amerikanischer Soziologe, Bestsellerautor für „Herz-Schmerz-Romane" und römisch-katholischer Priester, beschreibt in seinem Buch „Faithful Attraction" das gemeinsame Gebet als den wichtigsten Faktor schlechthin, der Paare zusammenhält. Dabei hat Greeley den Fundamentalismus-Faktor[104] bereits herausgerechnet. Spiritualität, praktisches Glaubensleben sollte allein schon deshalb in der Ehevorbereitung thematisiert werden.

Hauptteil

Geistliche Fragen wurden in der Seelsorge so lange als das wesentliche, wenn nicht einzige Element jeder Ehevorbereitung gesehen, dass es zu einer Vernachlässigung oder aber Vergeistlichung anderer Lebensbereiche kam. In einer Gegenbewegung dazu wurden in der moderneren Pastoralpsychologie der 70er und 80er Jahre des letzten Jahrhunderts Fragen der Spiritualität[105] oft schamhaft ausgeklammert und in den Raum des Privaten verbannt. Beide Extreme sind wenig hilfreich und wenig realitätsbezogen. Die Psychologie hat den Bereich der Religion längst für sich entdeckt und oftmals für sich reklamiert, während Seelsorger, die originär damit zu tun haben, zu sehr großer Vorsicht neigen.

Nachdenken über den Glauben

Wie lässt sich mit einem Paar in der Ehevorbereitung über Glauben und geistliches Leben nachdenken?[106] Die Antwort auf diese Frage ist

---

[104] Greeley mutmaßte, christliche Fundamentalisten würden wider besseres Wissen behaupten, keine Eheprobleme zu haben, und vorgeben, viel zu beten. Damit wäre ein Zusammenhang hergestellt, der von der Wirklichkeit nicht gedeckt wäre.

[105] Der Begriff „Spiritualität" mag für manchen Leser einen fast esoterischen Beigeschmack haben, weil er in manchen christlichen Traditionen kaum verwendet wird. Als *Terminus technicus* verstehe ich unter Spiritualität gelebte innere Frömmigkeit in Abgrenzung zu Religiosität als einer institutionalisierten Frömmigkeit.

[106] Breuer (1995) regt zu einem „Tag des Nachdenkens über Leben und Glauben an" – eine, wie ich finde, sehr gelungene Formulierung, selbst wenn die Komprimierung von Ehevorbereitung auf einen Tag zu diskutieren wäre.

ganz wesentlich von der Glaubenstradition des Seelsorgers abhängig. Während es in einigen Freikirchen ganz selbstverständlich ist, Glauben und Spiritualität zu thematisieren, gibt es andere Traditionen, in denen es geradezu als indiskret gelten würde, das Thema anzuschneiden. Es geht mir nicht um eine Bewertung der unterschiedlichen Traditionen, jedoch um die Auseinandersetzung mit zwei Extremen und ihren jeweiligen Gefahren.

Auf der einen Seite kann ein intensives Stellen der Gretchenfrage einen hohen Erwartungsdruck auslösen, oft verbunden mit Schuld- und Schamgefühlen. „Willst du einen Christen beschämen, so frage ihn nach seinem Gebetsleben", so lautet ein fromm gemeinter, aber eben auch allzu wahrer Satz. Natürlich wird jeder Christ bekennen müssen, er hätte mehr oder intensiver beten können und sollen. Die Scham- und Schuldgefühle, die durch solches Fragen ausgelöst werden (typisch für konservative und insgesamt eher enge Glaubenstraditionen), fördern jedoch selten echte Frömmigkeit und wachsende Spiritualität, jedenfalls nicht, wenn sie fordernd vermittelt werden. Im Innern des Menschen produzieren sie stattdessen eher Angst, den Maßstäben Gottes nicht zu entsprechen – und damit letztlich ein dem Evangelium widersprechendes Leistungsdenken. Nach außen hin wird Erwartungsdruck Widerstand provozieren und damit ein „Ausbrechen" aus der Tradition oder, vermutlich sehr viel häufiger (und m. E. tragischer), Konformität fördern, die schlimmstenfalls in übelste Heuchelei einmündet.

Das andere Extrem ist jedoch nicht weniger problematisch. Fragen nach Spiritualität eines Paares zu umgehen, vernachlässigt eine wesentliche Ressource für die Partnerschaft. Geistliches Leben stärkt die Beziehung. Es ist gleich noch zu erläutern, weshalb dies so ist. Darüber hinaus wird der Seelsorger seinem geistlichen „Wächteramt" nicht gerecht, wenn er geistliche Fragen ausklammert. Es besteht hier nicht nur eine Verantwortung gegenüber dem Paar, sondern auch vor Gott. Seelsorge soll nicht nur eine Sache des „Wohlfühlens" sein, sondern der Herausforderung zur Veränderung. Die Tabuisierung des Glaubens in der Paarseelsorge dient dem Paar auch als Modell und verstärkt u. U. die Tendenz zwischen den Partnern, sich über Glaubensbelange nicht auszutauschen. Das Thema auszuklammern ist dann in seiner Wirkung nicht „neutral", sondern reduziert Spiritualität. Das kann wahrlich nicht Ziel der Seelsorge sein. Wie also ist mit Spiritualität umzugehen?

In einigen Kirchen und Gemeinden wird eine tägliche Stille vor Gott („stille Zeit") selbstverständlich erwartet (und trotzdem keineswegs immer eingehalten), in anderen gibt es Kalender, Losungen oder längere Lesungen, die der täglichen kurzen Besinnung dienen sollen.[107] Dies sind gute, bewährte Hilfsmittel – jedoch nicht immer. Mir geht es hier nicht so sehr um die Infragestellung der jeweiligen Tradition, als vielmehr um die Frage, wie indiskret es in der Seelsorge ist, nach geistlicher Gestaltung des Alltags zu fragen, und inwieweit eine Seelsorgerin oder ein Berater Anregungen zu unkonventioneller oder sogar experimenteller Spiritualität geben darf oder sollte. Begriffe wie „Nachdenken" oder „Reflektieren" können dazu beitragen, sich angstfreier an das Thema zu wagen. Es geht nicht um Kontrolle oder Indoktrination, sondern um Anregung; nicht um Einengung, sondern um Horizonterweiterung, wenn dieses Thema behandelt wird.

Spiritualität und Intimität

Dieses Kapitel trägt mit Bedacht den Titel Spiritualität, nicht etwa „Religion" oder gar „Religiosität", aber auch nicht „Glauben". Meint „Religion" und die davon abgeleitete Religiosität eher institutionalisierte Frömmigkeit, also z. B. Bindung an eine Kirche, und kann der Begriff „Glauben" einseitig als intellektuelle dogmatische Zustimmung zu theologischen Überzeugungen missdeutet werden, umfasst Spiritualität ein ganzheitliches Verständnis von intrinsischer, aber auch extrinsischer Gottesbeziehung. Während die externen Aspekte sich relativ leicht operationalisieren und messen lassen (z. B. die Häufigkeit des Gottesdienstbesuches, die Zeit, die in persönlicher Andacht verbracht wird etc.), sind die intrinsischen, also innerlichen Aspekte der Gottesbeziehung schwer fassbar. Selbst die durchaus spannende Messung von Gehirnströmen (z. B. während Gebet und Meditation)

---

[107] Inzwischen sind sogar zwei Andachtsbücher aus dem Amerikanischen ins Deutsche übersetzt worden, die der evangelikale Paartherapeut Norman Wright speziell für Paare verfasst hat, sowie ein ähnliches Werk des ebenfalls in den USA sehr bekannten Therapeuten James Dobson und seiner Frau (Wright 2001, 2002; Dobson u. Dobson 2002).

kann ja nicht wirklich darstellen, was sich zwischen Himmel und Erde abspielt. Spiritualität bleibt damit ein Geheimnis, etwas Individuelles und höchst Privates. Spiritualität ist Intimität. Was könnte es Intimeres geben als die Begegnung des Menschen mit dem Transzendenten? Spiritualität braucht Intimität. Intimität als uneingeschränkte Offenheit und völlige Hingabe scheint mir die Voraussetzung für die Begegnung mit Gott zu sein. Gleichzeitig gilt aber auch der umgekehrte Satz: Spiritualität schafft Intimität. Wo Spiritualität gelebt wird, entsteht Nähe, Vertrauen, Intimität als Folge. Auch die Kapazität zur Intimität zwischen Menschen nimmt zu, was für die Seelsorge durchaus bedacht werden muss.[108] Gerade die Forschungsergebnisse von Greeley (siehe Hinführung) machen deutlich, welche positiven Auswirkungen der Zusammenhang zwischen Spiritualität und Intimität für die Partnerschaft haben kann. Auch hierin liegt ein Ansatz, Spiritualität in der Ehevorbereitung zu thematisieren.

Spiritualität bei Männern und Frauen

Spiritualität ist nicht nur intim und individuell sehr unterschiedlich, sondern scheint auch geschlechtsspezifische Unterschiede zu beinhalten. Selbst bei Paaren, die sich in Glaubensfragen sehr einig sind, kann es diese Unterschiede geben, ohne dass sie wahrgenommen würden. Ohne unnötig zu problematisieren und im Bewusstsein der Gefahr von verallgemeinernden Klischees, scheint es mir hilfreich, auf diese Unterschiede einzugehen und sie als Ressourcen der Paarbeziehung fruchtbar zu machen. Dabei ist zu berücksichtigen, dass es auch immer Ausnahmen von einer Regel gibt. Die folgenden Gedanken als für alle Paare anwendbar zu sehen, hieße deshalb, sie misszuverstehen.

---

[108] Wegen des Zusammenhangs zwischen Spiritualität und Intimität kann es in der Seelsorge leicht zu Grenzüberschreitungen kommen. Die geistliche Gemeinschaft und Nähe, die in einem seelsorgerlichen Gespräch entstehen kann, wird leicht auch zu einer erotisierten emotionalen und/oder körperlichen. Hier ist gute Selbstwahrnehmung erforderlich, um die entsprechenden Signale rechtzeitig aufzugreifen und ehrlich mit ihnen umzugehen. Durchaus nicht nur augenzwinkernd empfehle ich Theologiestudenten deshalb, mit Gemeindemitgliedern des anderen Geschlechts nicht zu beten, wenn sie mit ihnen allein sind (die Möglichkeit, für sie zu beten, bleibt dabei ja völlig unbenommen).

Bei Befragungen junger Männer ist immer wieder deutlich geworden, dass sie eine ausgeprägtere extrinsische Spiritualität leben, Frauen hingegen eine stärker intrinsische. So legen Männer vergleichsweise mehr Wert auf Fragen des Glaubensverständnisses (Dogmatik) und der äußerlichen Ordnungen (z. B. Gottesdienstbesuch). Frauen hingegen haben einen kreativeren, intuitiveren, inneren Zugang zur Spiritualität, legen mehr Wert auf Emotionen, auf Musik, Farben, Gestalt von Gottesdiensten. Ob dies durch unterschiedliche Erziehung und Sozialisation oder – wie ich eher vermute – hirnphysiologisch zu erklären ist, mag interessant sein, ist aber für die Ehevorbereitung sekundär. Weitaus wichtiger scheinen mir die Schlussfolgerungen aus dieser Erkenntnis zu sein. So sollte „männliche Spiritualität" nicht an „weiblicher" gemessen werden und umgekehrt. Wenn ein Aspekt als wichtiger oder gar richtiger bewertet wird, kann man einem Menschen leicht Unrecht tun!

Umgekehrt kann ein Verständnis der unterschiedlichen Ausprägung der Spiritualität ein großer Gewinn für die Paarbeziehung sein. Hier können sich Paare gegenseitig bereichern, stärken, ermutigen und in der Wahrnehmung ergänzen. So – und nicht aus Gründen patriarchalischer Vorherrschaft – kann es durchaus Sinn machen, dass der Mann eine führende oder ordnende Rolle übernimmt, was die Formen der Spiritualität angeht. Das kann die Initiative zur Einhaltung von Zeiten der Hausandacht oder des Gottesdienstbesuches beinhalten, wie auch die Verantwortung für ein Wachstum im Verständnis von Glaubenslehre. Die Frau wird stärker inhaltlich und atmosphärisch zur Spiritualität beitragen, auf die Ganzheitlichkeit achten und damit auf größerer Tiefe und Verinnerlichung des geistlichen Erlebens hinwirken. Hier geht es nicht um Rollenfestlegungen, sondern darum, die jeweiligen Stärken zu entdecken und einzusetzen – zum Segen beider Partner.[109]

---

[109] Hier scheint es mir noch einmal wichtig anzumerken: „Gleichwertig" und „gleichberechtigt" heißt nicht „gleich". Ein geklonter Adam hätte Adam wohl keine Hilfe sein können. Die Unterschiedlichkeit ist ein Reichtum, keine Form der Diskriminierung.

Zusammenfassung

Spiritualität ist integraler, förderlicher Bestandteil einer Paarbeziehung und darf deshalb in einer Ehevorbereitung nicht tabuisiert oder ausgeklammert werden. Gerade der Zusammenhang zwischen Spiritualität und Intimität kann Paaren die Bedeutung und Relevanz des Themas näher bringen und reizvoll machen. Die möglichen Unterschiede zwischen „männlicher" und „weiblicher" Spiritualität zu entdecken, kann auch für andere Lebensbereiche hilfreich sein. Das Thema Spiritualität in einen begleitenden oder beratenden Prozess einzubringen, bedeutet freilich für die Seelsorgerin oder den Seelsorger, den Berater oder die Beraterin, die eigene Spiritualität zu hinterfragen, sich mit der Entwicklung und Entfaltung der eigenen Gottesbeziehung auseinander zu setzen. Ich ahne, dass manche Vorbehalte und Sorgen, das Thema einzubringen, genau damit – mehr oder weniger verdeckt – zu tun haben. Aus eigener Erfahrung, gerade auch in diesem Bereich, weiß ich, dass Seelsorge und Beratung keine Einbahnstraße ist. Für mich ist das Herausforderung und Ermutigung.

15. Paar- und Familienstruktur

Vorübung

Ich möchte Sie einladen, einen Augenblick über Ihre Herkunftsfamilie nachzudenken. Wie würden Sie die Struktur der Familie beschreiben? Lebte jeder sein eigenes Leben und die Familie war eher unverbunden, oder waren sich Familienmitglieder nah (vielleicht zu nah)? Spüren Sie Ihrem Grundgefühl nach und markieren Sie Ihre Sicht auf folgender Skala mit einem Stift:

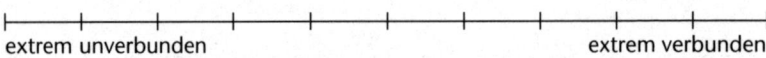

extrem unverbunden   extrem verbunden

Erinnern Sie sich bitte jetzt an die Anpassungsfähigkeit und Flexibilität in Ihrer Familie. War alles eher „im Fluss" bis hin zu chaotisch, oder gab es klare bis strenge und starre Regeln? Trauen Sie Ihrem Impuls und markieren Sie auf folgender Skala, woran Sie sich erinnern:

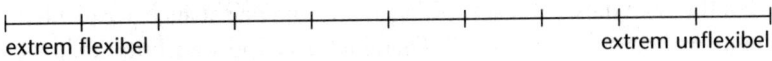

extrem flexibel   extrem unflexibel

Betrachten Sie die Skalen und vergleichen Sie die Angaben mit Ihrer gegenwärtigen Partnerschaft. Ist die Nähe höher oder niedriger? Gibt es mehr Flexibilität in Ihrer Beziehung oder weniger? (Wenn Sie in keiner Partnerschaft leben, fragen Sie sich, was Sie sich in einer Beziehung wünschen würden.) Welche Konsequenzen ziehen Sie aus Ihren Überlegungen?

Hinführung

Bernhard Guerney, prominenter Paartherapeut und Entwickler des „Relationship Enhancements"[110], erzählt mit großer „Begeisterung" von den guten alten Zeiten, als Paartherapie noch darin bestand, dass der Psychoanalytiker mit dem Mann und die Psychoanalytikerin mit der Frau an den Eheproblemen arbeitete. Als sich die beiden Analytiker dann in der Mittagspause trafen – so erzählt Guerney augenzwinkernd –, stritten sie sich erst einmal heftig über den Fall. Damals war es schon eine kleine Revolution, das Paar gemeinsam in den therapeutischen Prozess einzubeziehen. Der medizinische Ansatz prägte das gesamte psychotherapeutische Feld, und der systemische Ansatz wurde von den klassischen Schulen vehement bekämpft. Probleme in der Beziehung wurden auf Störungen bei einem Partner zurückgeführt, der dann der Behandlung bedurfte. Nach und nach setzte sich aber die Erkenntnis durch, dass die Paardynamik nicht nur aus den Mustern der Partner, sondern auch durch die Interaktion beider Partner miteinander zu verstehen wäre. Der systemische Ansatz fand Einzug in die Paar- und Familientherapie.

---

[110] Guerney hat relativ wenig im Sinne eines einschlägigen Standardwerkes zu „Relationship Enhancement" publiziert und dennoch einen enormen Einfluss auf die Entwicklung der Paarberatung als Lernprozess gehabt. Informationen zu dem Ansatz – aus dem sich übrigens über einige „Umwege" auch EPL (siehe Anhang) entwickelt hat – finden sich im Internet unter http://www.nire.org.

Inzwischen gibt es eine Fülle von systemischen Ansätzen und Schulen, die sich z. T. ähnlich bekämpfen, wie früher die klassischen Schulen der Psychotherapie. Auf solche Grabenkämpfe einzugehen, würde den Rahmen dieses Buches sprengen und entspricht auch gar nicht seinem Anliegen. Die moderne Therapieforschung und Entwicklungen in Seelsorge, Beratung und Therapie weisen darauf hin, dass diese Auseinandersetzungen immer mehr zugunsten pragmatischer Lösungen und integrativer Ansätze zurückgedrängt werden.[111]

Hauptteil

Was ist überhaupt ein „System"? Mit dieser scheinbar banalen Frage hat sich der Paarforscher David H. Olson beschäftigt. Bei der Durchsicht der systemisch orientierten Literatur stellte er fest, dass neben der Kommunikation als Interaktionsgeschehen immer wieder zwei Konzepte auftauchten, die in unterschiedlichen Begriffen dargestellt wurden. Da war zum einen das Konzept „Nähe" (wie nah sind sich die Mitglieder des Systems?), zum anderen das Konzept „Flexibilität" (wie anpassungsfähig sind die Mitglieder des Systems an neue Situationen und Gegebenheiten?). Die ebenso einfache wie geniale Idee Olsons war es, diese beiden Variablen in ein Koordinatensystem zu stellen und daraus eine Paar- bzw. Familienstrukturkarte zu entwickeln.[112] Dieses Modell, in der Fachliteratur als Circumplex-Modell bekannt, wurde in über 1.500 wissenschaftlichen Studien verwendet oder erforscht und kann damit als wissenschaftlich ausgereift gelten, ist aber zugleich auch auf der Ebene der Endanwender leicht nachvollziehbar. In der Ehevorbereitung hat es sich als sehr hilfreich erwiesen, weil es einerseits Zusammenhänge zwischen der Paardynamik und der Herkunftsfamilie anschaulich macht, andererseits aber auch Handlungsalternativen aufzeigt. Da das Modell in Deutschland nicht so

---

[111] Grawe et al. (1994) hat in dem bahnbrechenden Standardwerk *Psychotherapie im Wandel.* Von der Konfession zur Profession den Weg für eine integrative statt schulengebundener Sichtweise gebahnt. Im Bereich der Seelsorge setzen sich u. a. Ziemer (2000) und Dieterich (2001) aus recht unterschiedlichen Blickwinkeln für methodische Integration statt Polarisation ein.

[112] Ausführliche Literatur zum Thema findet sich in Olson/Russell/Sprenkle (1989).

bekannt ist, wird es hier in groben Zügen erläutert, um anschließend Einsatzmöglichkeiten aufzuzeigen.

Das Modell beschreibt Systeme (Paare, Familien oder andere Systeme) mit hoher und niedriger Nähe sowie hoher oder niedriger Flexibilität. Es hat sich bewährt, die beiden Variablen in 5 Schritten (oder 20%) darzustellen. Daraus ergibt sich eine Matrix von 5 x 5, also 25 Konstellationen. Dabei ist die Einteilung in 5 Schritten willkürlich und kann prinzipiell durch ein beliebiges anderes Raster ersetzt werden. Bei besonders hoher Nähe („Verstrickung") und bei besonders niedriger Nähe („unverbunden") wird von einem Extrem ausgegangen, das vermutlich häufiger mit Problemen innerhalb des Systems (also hier der Partnerschaft) einhergeht. Dazwischen liegen eher ausgewogene Werte, die aber durchaus deutlich zwischen „verbunden" bis „distanziert" liegen können. Bei der zweiten Variablen gilt das gleiche Prinzip. Sehr hohe Flexibilität ist mit chaotischen Merkmalen ausgestattet (jeder tut, was er will, wann er will, wie er will), während sehr niedrige Flexibilität etwas von Starrheit und Rigidität besitzt. Beide Ebenen zusammen dargestellt ergeben das Koordinatensystem, wie es hier dargestellt wird. Die vier Ecken werden deshalb dunkler dargestellt, weil hier beide Ebenen (Flexibilität und Nähe) als extrem zu bezeichnen sind. Paare oder Familien mit einer solchen Struktur gelten als eher unausgewogen und müssen häufiger mit Problemen rechnen.

Ein weiteres Kennzeichen der Strukturkarte ist, dass es sich um ein dynamisches Modell handelt. Es gibt nicht *den* Idealpunkt, der zu erreichen wäre, sondern unterschiedliche Paare werden unterschiedliche Strukturen als angemessen wählen und ausleben. Dabei kommt es im Laufe eines Lebens zu mehr oder weniger starken Veränderungen und Anpassungen. Ein frisch verliebtes Paar kann beispielsweise das Leben sehr viel flexibler gestalten als ein Paar mit einem Kleinkind „im Schlepptau". Anpassungen sind da erforderlich. Auch die Nähe wird nicht lebenslang gleich hoch bleiben, sondern Schwankungen unterliegen. Krisen, die von außen auf eine Beziehung wirken, können die Struktur ebenfalls deutlich verändern. So hat die Forschung gezeigt, dass nach dem 11. September 2001 in den USA deutliche Veränderungen in Familienstrukturen hin zu Extrempositionen festzustellen waren, die sich zwar allmählich wieder „normalisierten", aber dennoch bleibende Veränderungen bewirkten. Die Dynamik des Modells zeigt einerseits die Beeinflussbarkeit der Paarbeziehungen durch äußere Ereignisse, andererseits aber auch das Veränderungspotenzial mit allen damit verbundenen Chancen.

Herkunftsfamilien

Für die Bearbeitung der Herkunftsfamilie mit Hilfe dieses Modells gibt es mehrere Gründe, selbst wenn die eigene Beratungs- oder Seelsorgeorientierung nicht „vergangenheitsbezogen" ist. Dass Krisensituationen eher in Strukturen und Verhaltensmuster zurückführen, wie sie aus der Herkunftsfamilie bekannt war, wird nicht überraschen. Die Folgen aber sind dramatisch. Kommt er aus einer eher sehr flexiblen, unverbundenen und sie aus einer eher rigiden, sehr verbundenen Familie, kann dies bedeuten, dass die Bewältigungsstrategien in Krisensituation so unterschiedlich sind, dass das Paar sich auseinander bewegt und dies der Beziehung anlastet. Während er sich eher zurückzieht und etwas chaotischer wird, versucht sie wahrscheinlich, ihn stärker an sich zu binden, und wird in ihrem eigenen Verhalten deutlich überstrukturiert. Es kann für Paare wahrhaft befreiend wirken, wenn sie lernen zu erkennen, dass das Problem nicht in einer defizitären Beziehung liegt, sondern an den unterschiedlichen Herkunftsfamilien. In der Ehevorbereitung ist sinnvoll, über die Herkunftsfamilien gemeinsam mit dem Paar nachzudenken. Lassen Sie die Partner beschreiben, wie viel Nähe und Flexibilität sie in ihrer Herkunftsfamilie erlebt haben und wie ihnen das „bekommen" ist. Am besten eignen sich konkrete, beispielhafte Erlebnisse und Erinnerungen. Manchmal wird argumentiert, dass eine innere Verbundenheit bestand, auch wenn nach außen hin jeder seine eigenen Wege ging. Auch dies kann und sollte untersucht werden. Das Modell zielt jedoch primär auf die auch nach außen hin beobachtbare Dynamik. Die Nähe beschreibt eben nicht einen Persönlichkeitsfaktor der Bindungsfähigkeit oder Symbiose, sondern die Dynamik des Miteinanders. Die Flexibilität bezieht sich nicht auf die individuelle Offenheit und Anpassungsfähigkeit des Einzelnen, sondern des Systems insgesamt. Hier ist es wichtig, das Circumplex-Modell von ähnlichen Modellen der Persönlichkeitsstruktur deutlich zu unterscheiden.[113]

Da Herkunftsfamilien sich oftmals im Laufe der Kindheit und Jugend wandeln (z. B. durch Scheidung und Wiederheirat) und das Modell ohnehin dynamisch ist, also Veränderungen per Definition enthält, sollte der Schwerpunkt der Erinnerungen auf der Jugendzeit liegen, da diese am ehesten die eigenen Beziehungsmuster prägt. In der Adoleszenz wird das eigene Erleben in der Familie sehr bewusst erlebt, reflektiert und bewertet. Es dient als Modell, an dem durch Zustimmung oder Abgrenzung eigene Vorstellungen eines funktionsfähigen, wünschenswerten Systems entwickelt werden können. Dabei übt dieser narrative Zugang zur Familiengeschichte zugleich Kommunikation zwischen den Partnern, einschließlich der Fähigkeit des Zuhörens.

Ein Modell kann natürlich nicht alle Facetten einer individuellen Geschichte berücksichtigen. Dennoch empfehle ich, die Position der Herkunftsfamilie auch im Modell zu lokalisieren, d. h. auf der Strukturkarte einzutragen. Die Lokalisierung der Position der Herkunftsfamilie kann helfen, größere Unterschiede im System der Herkunftsfamilie zu visualisieren und verständlich zu machen. Daraus ergeben

---

113 Der Persönlichkeitsstrukturtest (PST) von Michael Dieterich, wie auch der Myers-Briggs-Type-Indicator (MBTI), enthält ein sehr ähnliches Koordinatensystem, das aber auf die Persönlichkeit bezogen und damit weit weniger dynamisch ist.

sich Hinweise, weshalb sich Partner so zueinander hingezogen fühlen. Beispielsweise kann ein junger Mann aus einer unverbundenen Familie sich sehr angezogen fühlen von der Wärme und dem Zusammenhalt einer Familie mit hoher Nähe. Wenn ich Paare darauf hinweise, dass in Krisenzeiten die Tendenz besteht, in alte Muster der Herkunftsfamilie zurückzugehen, wird dies von den Partnern oft aus eigener Erfahrung bestätigt. Aber selbst wenn dies nicht der Fall ist, stelle ich ihnen diese Erkenntnis zur Verfügung, mit der Option, sich daran zu erinnern, falls es tatsächlich einmal zu einer solchen krisenhaften Situation kommen sollte.

Paarbeziehung

Ein weiterer Schritt in der Arbeit mit dem Modell ist die Beschreibung der eigenen Paarbeziehung. Bei verliebten, heiratswilligen Paaren wird hohe Nähe und Flexibilität die typischste Struktur sein. Verliebtheit bedingt Nähe fast zwangsläufig. Manche Paare beginnen in der Ehevorbereitung erst einmal das Mobiliar in der Beratungsstelle umzustellen – sprich die Stühle so dicht zueinander zu rücken wie irgend möglich. Die Anpassungsfähigkeit (und damit auch Lern- und Veränderungsbereitschaft!) ist nach dem Motto ausgeprägt: „Schatz, für dich tue ich doch alles!" Tatsächlich hat auch die Forschung gezeigt, dass flexibel verbundene Paare die beste Prognose für eine erfolgreiche Partnerschaft haben. Sind Paare hingegen sehr festgelegt (niedrige Flexibilität), fällt auch die Anpassung an die neuen Gegebenheiten, Rollenaufteilungen und äußeren Bedingungen der Ehe eher schwer und führt zu Konflikten. Paare, die eher distanziert in dieser Phase ihrer Beziehung sind, haben wenig gemeinsames „Rückzugsgebiet", um den Alltagsstress zu bewältigen oder sich auch nur besser kennen zu lernen.[114] Das erschwert den Auf- und Ausbau einer stabilen Paarbeziehung – macht sie aber keineswegs unmöglich.

Wo auch immer sich ein Paar in der Ehevorbereitung auf der Strukturkarte sieht, bleibt die Frage, ob diese Position angemessen ist und den Bedürfnissen beider Partner entspricht. Wie viel Nähe *wollen* die

---

[114] Hier zeigt sich eine Parallelität zu John Gottman, der als erstes „Geheimnis der glücklichen Ehe" eine gute Kenntnis des Partners postuliert.

Partner? Wie viel Flexibilität erscheint ihnen für ihre Lebenssituation angemessen? Der Dialog über diese Fragen fördert die Wahrnehmung eigener Bedürfnisse und Wünsche und lässt eventuelle Defizite erkennbar werden. Zugleich vertieft das Gespräch die Erkenntnis, dass sich das Beziehungssystem verändern lässt, die Struktur also nicht festgelegt ist. Damit werden Weichen für ein ressourcenorientiertes Denken über die Partnerschaft insgesamt gestellt und das Paar wird motiviert, regelmäßig über die eigene Beziehung zu reflektieren.[115]

Eine Besonderheit der Paarstrukturkarte sei hier noch erwähnt. Wenn beide Partner die Struktur ihrer Beziehung (also den „Ist-Zustand") beschreiben, es aber dennoch zu erheblichen Unterschieden kommt, so hat mindestens einer eine verzerrte Wahrnehmung. Kleinere Unterschiede sind so normal wie der Streit, ob ein Gegenstand hellgrün oder mittelgrün sei. Sagt ein Partner hingegen, der Gegenstand (hier die Paarbeziehung) ist grün, der andere aber, er ist rot, so haben wir ein Problem. Meistens beschreibt einer den Ist-Zustand, der andere seine Wunsch-Vorstellung. Beides zu thematisieren kann nicht nur helfen, den Widerspruch aufzulösen, sondern Verhandlungs- und Veränderungsprozesse voranzubringen. Systemisch orientierte und ausgebildete Beraterinnen und Berater haben hier vielleicht mehr Möglichkeiten, die Dynamik besonders gut zu nutzen, doch kann das Modell auch für Laien hilfreich sein, Spannungsfelder der Beziehung auszuloten und zum Gespräch anzuregen.

Zusammenfassung

Die Paar- und Familienstrukturkarte ist ein einfaches, leicht nachvollziehbares Modell aus der Systemischen Therapie, das helfen kann, die Struktur von Herkunftsfamilien und Paarbeziehungen deutlich zu machen und deren Bedeutung zu diskutieren. Dazu werden Nähe und Flexibilität in ein Koordinatensystem gesetzt und die Position der

---

[115] Im Gegensatz zur Ressourcenorientierung steht ein ausschließlich an der Einsicht orientierter Ansatz, der zu einem gewissen Fatalismus neigt und bestenfalls fragt, wie mit einer Gegebenheit umzugehen sei, ohne das Veränderungspotenzial zu erkennen, geschweige denn zu nutzen.

Herkunftsfamilien und der Paarbeziehung von den Partnern eingetragen. Die Anregung, neben der Beschreibung des Ist-Zustandes auch Wünsche für die Zukunft zu äußern, erhöht das Gespür für selbstverantwortete Veränderbarkeit von Strukturen und Lebensumständen der Paarbeziehung.

16. Sonderfälle der Ehevorbereitung

Vorübung
Malen Sie sich Ihre Reaktion auf folgende Situationen aus:
- Ein konfessionsverschiedenes Paar bittet Sie um Ehevorbereitung. Er stammt aus einer orthodoxen Kirche, sie aus einer Freikirche.
- Ihre jugendliche Tochter hat in einem Internet-Chatroom einen Türken kennen gelernt und beginnt eine Freundschaft mit ihm.
- Die Verlobte Ihres im Abitur stehenden Sohnes eröffnet Ihnen, dass Sie Opa (bzw. Oma) werden.
- Ein naher Verwandter will im „jugendlichen" Alter von 81 Jahren noch einmal heiraten.

Welche der Situationen trifft Sie am stärksten, welche am wenigsten? Warum ist das so? Gibt es Unterschiede zwischen einem „professionellen" und einem „privaten" Umgang mit den beschriebenen Gegebenheiten? Welche Ansichten vertritt Ihre Kirche oder Gemeinde – und welche Sie selbst zu den angedeuteten Themenkomplexen?

Hinführung
Die oben beschriebenen Situationen sind nicht konstruiert, sondern sehr persönliche Erfahrungen – meine eigenen. Es ist ein Risiko, über eigene Erfahrungen zu schreiben oder gar Allgemeingültiges daraus abzuleiten. Ich habe diesen Einstieg nicht so sehr deshalb gewagt, um nun auch eine „private Seite" des Autors sichtbar werden zu lassen, sondern weil ich glaube, dass solche „Sonderfälle" durchaus nicht so selten sind, wie wir manchmal glauben machen wollen.

Darüber hinaus scheint mir gegen Ende des Buches die Erinnerung noch einmal wichtig, dass seelsorgerliche und beratende Arbeit nie im luftleeren Raum geschieht. Wenn es in diesem Buch um Ehevorbereitung geht, hat dies immer auch mit der eigenen Ehe- und Familiensituation zu tun – bzw. auch mit dem Status als Single. Obwohl die Arbeit an diesem Buch vor der Achterbahn der Gefühle begann, die wir als Familie im letzten Jahr erlebt haben, wird dieses Kapitel (wie auch meine Arbeit als Eheberater) nicht unbeeinflusst davon bleiben. Jedenfalls ist das, was ich versuche zu vermitteln, keineswegs nur aus theoretischen Überlegungen entstanden.

Hauptteil
Das Buch hat sich bisher mit eher typischen Aspekten der Ehevorbereitung befasst. Es ist auch nicht möglich, alle Sonderkonstellationen zu bedenken, die es geben könnte. Einige der häufiger vorkommenden besonderen Situationen sollen hier allerdings kurz zur Sprache kommen.

Konfessionsverschiedene Paare
In manchen Kirchen und Gemeinden ist Konfessionsunterschiedlichkeit überhaupt kein Thema. Trauungen finden statt, ohne über die nahe liegenden Fragen zu reflektieren. Diskutiert werden bestenfalls die Modalitäten und die Aufgabenteilung bei der ökumenischen Trauzeremonie. In anderen Kirchen und Gemeinden ist Konfessionsunterschiedlichkeit ebenfalls kein Thema. Es darf sie einfach nicht geben. In letzteren Gemeinden kommen die Geistlichen regelmäßig in Schwierigkeiten, weil es konfessionsunterschiedliche Partnerschaften eben doch gibt. Das Thema hier anzugehen, ist deshalb schwierig, weil die Lösung der Probleme stark von theologischen Erkenntnissen, von Traditionen und Kirchenrecht abhängig ist. Folgen wir dem Duktus des bisher Geschriebenen, ist sogar zu fragen, inwieweit diese Frage für die Ehevorbereitung überhaupt relevant ist. Konfessionsunterschiedlichkeit muss m. E. vor allem dann thematisiert werden, wenn mindestens einer der beiden Partner stark in der eigenen Konfession verwurzelt ist. Glaube und Spiritualität sind zwar weit mehr als Konfessionszugehörigkeit, werden aber wesentlich von

ihr geprägt. Die eigene Kirche oder Gemeinde ist für gläubige Menschen – selbst wenn sie sich kritisch ihr gegenüber äußern oder verhalten – immer auch ein Stück Heimat, Kultur und Lebensstil. Insofern geht es bei dem Thema auch um mehr als „nur" dogmatische Unterschiede. Es ist wichtig, dem Paar Gelegenheit zu geben, sich darüber auszutauschen – keineswegs nur im Hinblick auf Fragen der religiösen Erziehung der Kinder.

Klärungsbedarf bei Konfessionsverschiedenheit

Auf die Frage nach der Kindererziehung wurde bereits hingewiesen. Sie wird besonders häufig gestellt und z. T. sogar „vertraglich" geregelt. So musste sich ein nicht-katholischer Partner vor einer römisch-katholischen Trauung dazu verpflichten, die Kinder im katholischen Glauben zu erziehen bzw. eine solche Erziehung zuzulassen. Nur dann wurde ein bischöflicher Dispens erteilt, der eine konfessionsunterschiedliche katholische Trauung ermöglichte. Ob solche Regelungen praktikabel waren, sei dahingestellt. Problematisch waren sie allemal, denn sie schränkten die Glaubens- und Gewissensfreiheit und damit die persönliche Integrität eines Partners nicht unerheblich ein. Andere Fragen sollten aber ebenfalls betrachtet werden: Welcher Gottesdienst wird besucht? In welcher Häufigkeit? Wie steht es mit einem gemeinsamen Abendmahl?[116] In welcher Form sollen gemeinsame Andachten oder sonstige Familienfrömmigkeit gepflegt werden? Bei einigen Konfessionen sind auch Lebensstilfragen zu berücksichtigen und sollten diskutiert werden. Hält eine Gemeinde Kino- und Theaterbesuch für allzu „weltlich", können in konfessionsunterschiedlichen Partnerschaften bei einem Partner Loyalitätskonflikte entstehen, die der andere Partner oft nur schwer nachvollziehen kann. Für manche Konfessionen können auch Ernährungsfragen, Alkohol- und

---

[116] Der ökumenische Kirchentag in Berlin und seine Folgen haben gezeigt, wie brisant das Thema Abendmahl ist – zu Recht, wie ich übrigens meine, denn die Reformation und Gegenreformation waren in ihrem Streit um das Abendmahlsverständnis fundamentaler, als heute oft gesehen wird, und die Trennung zwischen Kirchen ist – bei aller ökumenischen Wertschätzung – substanzieller und damit schmerzlicher, als gerade evangelikale Christen mit ausgeprägtem Gemeinschaftsgefühl wahrnehmen.

Tabakgenuss eine Rolle spielen. Hier besteht dann definitiv Klärungsbedarf.

Seelsorgern und Beratern fällt in der Ehevorbereitung manchmal die Rolle des Übersetzers zu, der Unterschiede aufgreift und erläutert. Es ist erstaunlich, wie schwer es fallen kann, eine Tradition oder Gepflogenheit einer Kirche, zu der man schon immer gehört hat, zu erklären! Die hier notwendige „Übersetzungsarbeit" (ohne Partei zu ergreifen) halte ich für durchaus legitim und innerhalb der Ehevorbereitung für besonders hilfreich, weil es zugleich Wege der Kommunikation eröffnet. Gerade theologischen Laien unter den Helfern benötigen dazu aber ausreichende und zuverlässige Informationen. Dabei sind Primärquellen (die meisten Kirchen und Freikirchen sind im Internet vertreten) Werken von „Sektenkundlern" klar vorzuziehen.[117]

Gewichtung der Konfessionsverschiedenheit

Auf der Basis der eigenen Forschung[118] möchte ich allerdings auch vor einer Überbewertung des Themas warnen. Einige Gemeinden legen die Aussage des Paulus: „Zieht nicht am fremden Joch mit den Ungläubigen"[119], so eng aus, dass jeder, der nicht zur gleichen Konfession gehört, als Partner (eigentlich) gar nicht in Frage kommt. Das ist sowohl theologisch zu hinterfragen (bei Paulus gab es noch keine „Konfessionen" im heutigen Sinne; er meint hier sehr wahrscheinlich das Bekenntnis zu Christus, das der eine lebt und der andere Partner ablehnt), als auch sozialwissenschaftlich. Zwar lässt sich nachweisen, dass konfessionsverschiedene Paare insgesamt etwas schlechtere Werte in Partnerschaftstests erzielen als konfessionsgleiche, doch ist dieser Unterschied minimal. Mit anderen Worten, wenn zwei Menschen mit

---

[117] Leider scheint sich in den letzten Jahren bei landeskirchlichen Sektenbeauftragten ein Trend zu einer eher negativ „interpretierenden" Sichtweise anderer Konfessionen (insbesondere der Freikirchen) durchzusetzen. Stehen keine Primärinformationen zur Verfügung, sind die Webseiten des ACK und der VEF sowie die Evangelische Zentralstelle für Weltanschauungsfragen in Berlin (www.ezw-berlin.de) faire und aufschlussreiche Informationsquellen.

[118] Bochmann, 1993.

[119] 2. Kor. 6,14.

sehr unterschiedlicher Glaubensbindung der gleichen Konfession angehören, ist dies für die Partnerschaft problematischer, als wenn zwei Menschen mit hoher Glaubensbindung zwei unterschiedlichen Glaubensgemeinschaften angehören. Da die Glaubensbindung oder Spiritualität insgesamt ein wichtiger Faktor ist, sollte es in der Ehevorbereitung vor allem darum gehen, eine gesunde Spiritualität zu stärken (siehe Kap. 14).

Binationale Paare

War ich ausländerfeindlich, als mir meine Tochter ihren türkischen Freund vorstellte und ich keine Freudensprünge machte? Ich hoffe nicht. Ich glaube es auch nicht. Ich selbst habe viele Jahre im Ausland gelebt und bin mit einer Ausländerin verheiratet. Dennoch – oder gerade deshalb scheint es mir problematisch, Kultur- und Sprachunterschiede bei binationalen Paaren zu ignorieren. Sie sind ein Reichtum, wenn sie als solche erkannt und akzeptiert werden, aber eine gefährliche Falle, wenn so getan wird, als überdecke die Liebe alle Unterschiedlichkeit.

Sprache

Wenn in der Ehevorbereitung (Gleiches gilt für Eheberatung – nur dort oft krisenhafter) ein binationales Paar auftaucht, ist die erste Frage natürlich die der Verständigung. Sprechen beide Partner genügend Deutsch oder die beratende Person hinreichend die Sprache des ausländischen Partners, um eine Verständigung zu ermöglichen? Oft ist der deutschsprachige Partner willig zu übersetzen, doch entsteht dadurch eine wenig hilfreiche Situation. Gerade wenn die unterschiedliche Sprachkompetenz des Paares bestimmte Kommunikationsinhalte ausblendet, wird Beratung, die durch einen Partner übersetzt (und gefiltert) wird, solche Inhalte kaum transportieren und transparent machen können.

Sprechen aber beide Partner Deutsch oder alle Beteiligten eine gemeinsame Sprache, sind damit die Sprachschwierigkeiten noch lange nicht gelöst. Sprache hat immer auch mit Denkmustern zu tun – unterschiedliche Sprachen bringen unterschiedliche Denkmuster mit sich. Gefühle beispielsweise finden in unterschiedlichen Sprachen sehr unterschiedlich Ausdruck.[120] Hier ist ein „Aneinander-Vorbeireden" fast vorprogrammiert, zumindest aber nur eine eingeschränkte Kommunikation möglich. Diese Schwierigkeiten sollten in der Ehevorbereitung selbst nicht nur weitestgehend minimiert (sofern dies möglich ist), sondern auch vor allem dem Paar bewusst gemacht werden. Dabei scheint mir wichtig, den Reichtum von Sprache in ihrer jeweiligen Eigenheit mehr zu betonen als die Verständigungsschwierigkeit. Idealerweise sollten beide Partner die Sprache des anderen verstehen und sprechen lernen, um von diesem Reichtum zu profitieren.

Kultur

Eng verbunden mit der Thematik der Sprache sind die Fragen der unterschiedlichen Kultur. Selbst so ähnliche Kulturen wie die deutsche und englische werfen Fragen auf, die durchaus zu diskutieren sind. Als Berliner war es für mich selbstverständlich, in einer Mietwohnung zu wohnen. Für meine Frau (und ihre Familie) wirkte dies aber zunächst wie ein drastischer sozialer Abstieg, denn nur die unterste soziale Schicht (von der Penthouse- und Jetset-Szene einmal abgesehen) lebt in England zur Miete! Hier ist nicht nur Aufklärungsbedarf, sondern auch emotionale Anpassung zu leisten, die durchaus einen Preis hat! Wie schön, dass meine Frau in den ersten Jahren unserer Ehe die Vorzüge der Mietwohnung zu schätzen lernte (sie musste keine Treppen steigen, um zur Toilette zu gelangen).

Ein wenig ernsthafter können die kulturellen Unterschiede bei der Gestaltung des Familienlebens werden. Welche Rolle spielen Frauen in der jeweiligen Kultur? Wie stark ist der Familienzusammenhalt? Ist in der Kultur die Kleinfamilie typisch oder die mehr als zwei Generationen umspannende Großfamilie? Wer ist das Familienoberhaupt? Welche Erwartungen bestehen hinsichtlich gegenseitiger Besuche? Wie viel Nähe ist in der Kultur üblich? In manchen südeuropäischen Kulturen findet z. B. Nähe zwischen Männern Ausdrucksformen, die in Deutschland den Verdacht der Homosexualität nähren würden. Selbst so scheinbar sekundäre Fragen wie Ernährungsgepflogenheiten in der anderen Kultur kön-

---

[120] So kommt es z. B., dass manche modernen Anbetungslieder lieber in der Originalsprache als in der deutschen Übersetzung gesungen werden, obwohl eine sehr ordentliche und genaue Übersetzung vorzuliegen scheint.

nen von erheblicher Relevanz sein. Welche Religion ist dominant in der Kultur des Partners? Welcher Religion gehört er oder sie an? Welche politischen und moralischen Vorstellungen prägen jene Kultur? Welche Kleidung wird typischerweise in der „fremden" Kultur getragen?

In der Eheberatung zeigt sich häufig, dass gerade das, was am Anfang der Paarbeziehung so attraktiv und anziehend war, sich später zu einem Problem entwickelt. Dies gilt insbesondere für Kulturunterschiede. Der eher kühle, zurückhaltende Mann aus Norddeutschland war vom südländischen Temperament seiner Verlobten mitgerissen, fühlte sich aber schon bald davon überfordert und fürchtete ein Beziehungsproblem.[121] Welche Entlastung kann es da sein, auf die Kulturunterschiede hinweisen zu können und diese als Reichtum wieder zu entdecken!

Übrigens – Kulturunterschiede werden nicht nur bei binationalen Paaren sichtbar. Animositäten zwischen „Preußen" und „Bayern" beispielsweise sind keineswegs nur ein Klischee oder ein „Witz", sondern haben ihre Ursachen in sehr unterschiedlichen kulturellen Wurzeln. Sensibilität gegenüber Kulturunterschieden ist erforderlich – nicht nur bei binationalen Paaren.

Schwangerschaft

Trotz freier Verfügbarkeit und allgemeiner Akzeptanz von Verhütungsmitteln ist der unmittelbare Auslöser, eine Ehe einzugehen, nicht selten eine Schwangerschaft. Unabhängig von weit variierenden Einstellungen zu vorehelichem Geschlechtsverkehr[122] ist eine Schwangerschaft eine

---

[121] Mit diesem aus mehreren Fällen konstruierte Beispiel sollen nicht Klischees bedient, sondern lediglich die Thematik illustriert werden. Natürlich sind Norddeutsche nicht immer „kühl" und Südeuropäer nicht immer „feurig". Doch trägt nicht nur Persönlichkeit, sondern auch gerade Kultur wesentlich zu Verhaltensmustern bei.

[122] Die Forschung zeigt, dass Einstellung und Verhalten bezüglich vorehelicher Sexualität heutzutage eher kongruent sind. Diejenigen, die vorehelichen Geschlechtsverkehr praktizieren, finden dies auch in Ordnung, jene, die vorehelichen Geschlechtsverkehr ablehnen, praktizieren ihn auch nicht. Allerdings, angesichts der Verfügbarkeit von Verhütungsmitteln ist der Eintritt einer Schwangerschaft ein Hinweis darauf, dass der Geschlechtsverkehr „unvorbereitet" bzw. spontan stattfand. Gerade in solchen Fällen ist es denkbar, dass das Verhalten eigenen Wertmaßstäben nicht entsprach. Hier entsteht ein zusätzlicher „moralischer" Druck, der gegenseitige Vorwürfe (auch sehr viel später) beinhalten kann, die wenig hilfreich sind.

enorme Belastung für Paare mit Heiratsabsichten.[123] Zwischen Freude und Faszination einerseits und Erschrecken und Verunsicherung andererseits muss das Paar schwerwiegende Entscheidungen treffen. Soll die Schwangerschaft fortgesetzt werden?[124] Soll nun schneller geheiratet werden als ursprünglich geplant – oder eher später? Wem wird wann und wie von den „anderen Umständen" berichtet? Fragen der sozialen Absicherung und neuen Verantwortung, gegebenenfalls Wohnungs- und Arbeitssuche bekommen eine unerwartete Brisanz und Dringlichkeit – insbesondere, wenn die Partner noch nicht Verdiener sind. Fragen, die sich kaum beeinflussen lassen, stellen sich ein: Wie werden Eltern, Verwandte, Bekannte, die Kirche oder Gemeinde reagieren? Und schließlich: wie wird der- oder diejenige mit dem Thema umgehen, den das Paar für die Ehevorbereitung in Anspruch nimmt?

Wie Ehevorbereitung angesichts einer Schwangerschaft aussieht, hängt von vielen Faktoren ab: Von der theologischen Einstellung, vom Alter, der Reife, der Gesundheit und der sozialen Absicherung des Paares, von dem Umgang der Umwelt des Paares mit dem Thema (es macht einen Unterschied, ob die Eltern und/oder Schwiegereltern mit „Rausschmiss" drohen oder ihre Unterstützung anbieten) und schließlich von dem Umgang des Paares mit der Situation. Es kann also keine Patentrezepte geben.

Die eigene Positionierung

Um dem Paar gegenüber fair zu bleiben, scheint mir Transparenz hinsichtlich der eigenen Werte und Einstellungen durch die beratende Person unbedingt erforderlich. Ist neues Leben immer ein Gottes-

---

123 Schwangerschaften kommen natürlich auch vor, ohne dass Heiratsabsichten bestanden. Das ist eine zusätzlich schwierige Situation. Die gesellschaftliche Akzeptanz allein erziehender Mütter, aber auch von Abtreibung, wird ein solches Paar selten zur Ehevorbereitung, sondern eher zur Beendigung der Schwangerschaft und/oder Beziehung führen. Insofern bleibt diese Situation unberücksichtigt.

124 Glücklicherweise stellt sich diese Frage nicht für alle Paare, doch kann selbst in den frommsten christlichen Kreisen nicht automatisch davon ausgegangen werden, dass Abtreibung in einer so überraschenden und oftmals überfordernden Situation nicht wenigstens in Betracht gezogen wird. Auch Druck von außen – z. B. Familienangehörigen, die um ihren „guten Ruf" fürchten – kann erheblich zu Schwangerschaftskonflikten beitragen.

geschenk, oder ist es außerhalb der Ehe eine Hypothek oder gar „Strafe Gottes für sündhaftes Verhalten"? Mit dieser zugespitzten Formulierung habe ich bereits meine eigene Haltung offenbart. Wenngleich die Situation nicht ideal erscheinen mag und sich viele Fragen auftun, bleibt eine Schwangerschaft immer ein Geschenk neuen Lebens, Grund zur Freude, Aufforderung zur Dankbarkeit und Zeichen der Hoffnung. Es geht nicht darum, die Probleme unter den Tisch zu kehren, die durch eine voreheliche Schwangerschaft zwangsläufig entstehen, sie sollten durchaus benannt und nach Bedarf bearbeitet werden. Jedoch ist es wenig hilfreich, die problematischen Seiten zu betonen, zumal sich das Paar darum vermutlich bereits mehr als genug Gedanken macht. Der Blick muss nach vorne gerichtet bleiben, mit hoffnungsvollen Perspektiven.

Eine andere Frage ist die, ob das Paar nun heiraten müsse – möglichst sofort. Auch hier gibt es sehr unterschiedliche Positionen. Ich halte es weder für erforderlich noch für besonders gesund, überstürzt zu heiraten. Die Schwangerschaft bedeutet schon genug Stress für die werdende Mutter (und hoffentlich auch für den werdenden Vater – falls nicht, wird das Paar aber kaum zur Ehevorbereitung erscheinen). Hochzeitsvorbereitungen erhöhen diesen Stress nur weiter. Viel bedenklicher aber scheint mir, dass eine schnelle Heirat dazu führen kann, sich die Umstände in späteren Krisenzeiten gegenseitig vorzuwerfen („Wärst du nicht schwanger geworden, hätten wir wahrscheinlich gar nicht erst geheiratet"). Mir scheint deshalb gerade bei einer Schwangerschaft besonders wichtig, dass sich beide so sicher wie irgend möglich sind, dass sie ihr ganzes Leben verbindlich miteinander teilen wollen. Eine solch schwerwiegende Entscheidung sollte nicht unter Druck oder Nötigung geschehen.[125]

---

[125] Manche Fragen – z. B. welchen Nachnamen das Kind erhält, wenn erst nach der Geburt geheiratet wird –, lassen sich relativ leicht lösen. Ob bei einer Hochzeit die Schwangerschaft schon zu sehen ist, halte ich auch für irrelevant, da die meisten Menschen ohnehin rechnen können. Aber hier zeigt sich meine Grundhaltung zum neuen Leben, und natürlich muss auch mit den Bedürfnissen der werdenden Mutter sehr behutsam umgegangen werden.

Die praktischen Fragen

Paare mit einer Schwangerschaft brauchen nicht so sehr theologische Vorträge, psychologische Ratschläge oder gar Informationen über Verhütungsmittel als vielmehr ganz praktische Hilfe. Welche finanziellen Hilfen stehen ihnen zu? Wo und wie werden sie beantragt? Die Sozialämter sind zwar auskunftsverpflichtet, aber nach unseren Erfahrungen keineswegs auskunftsfreudig. Bessere Hilfe erhalten junge Paare zumeist in Beratungsstellen der Caritas oder der Diakonie, die in jedem Telefonbuch zu finden sind. Wenn das Paar noch keine gemeinsame Wohnung hat – wo bekommt es einen Wohnberechtigungsschein? Das Rathaus, die Gemeindeverwaltung oder das Bezirksamt sollten hier problemlos Auskunft geben.

Weitaus komplexer können – gerade bei sehr jungen Paaren – die praktischen Fragen der Zukunftsgestaltung sein. Wie sieht es mit Ausbildung oder Studium aus? Haben beide einen Abschluss, wird manches leichter sein. Was aber, wenn der Abschluss fehlt oder die Ausbildung bzw. das Studium sogar unterbrochen oder ganz abgebrochen werden muss? Ist es alternativ denkbar, dass die Eltern eines Partners Verantwortung in der Kindesbetreuung übernehmen und so eine Entlastung schaffen? Zu welchem Preis für die Partnerschaft? Hier wird im Gespräch mit dem Paar viel Sensibilität erforderlich sein, aber auch praktische Einfälle. Um hier nicht von vornherein nur in eine Richtung zu denken, ist das gute alte Mittel des „Brainstorming" sehr hilfreich. Alle Einfälle zur Lösung der anstehenden Fragen werden kommentarlos auf einem großen Blatt Papier gesammelt – einschließlich völlig abwegiger und „verrückter" –, anschließend ein wenig kategorisiert und erst dann auf Tauglichkeit überprüft.

Allein die Fülle dieser Fragen kann überwältigend sein, bedeutet aber in jedem Fall, dass sehr viel Zeit erforderlich ist. Glücklicherweise lassen sich viele Fragen – z. B. auch die anstehenden medizinischen – delegieren. Dennoch wird mehr Zeit zur Ehevorbereitung einzuplanen sein als bei anderen Paaren, diese ist aber – je nach Entscheidung des Paares – oft nicht vorhanden. Wenn das Paar sehr schnell heiratet, kann die Ehevorbereitung auch nach der Heirat weitergeführt werden. Es macht einfach keinen Sinn, den Stress des Paares dadurch zu erhöhen, noch das volle Ehevorbereitungsprogramm unterbringen zu wollen.

Wiederheirat und Ehen älterer Partner

Eheschließungen finden nicht nur bei Menschen zwischen 20 und 30 Jahren statt.[126] Wenngleich der über 80-jährige Onkel am Traualtar eine Ausnahme sein dürfte, bedeutet die allgemeine höhere Lebenserwartung und Vitalität, aber vor allem auch der Anstieg von Ehescheidungen, dass immer mehr Ehen in der zweiten Lebenshälfte geschlossen werden.[127] Hier sind eine Vielzahl von Besonderheiten zu berücksichtigen. Einige davon sollen im Folgenden angesprochen werden.

Patchworkfamilien

Die bekannteste und vielleicht wichtigste Besonderheit ist die Tatsache, dass bei nicht ganz jungen Paaren häufig Kinder aus früheren Beziehungen zu berücksichtigen sind. Wenn diese Kinder noch zu Hause sind, sprechen wir von „Fortsetzungs-", „Stief-" oder „Patchworkfamilien". Ich mag den Begriff „Patchworkfamilie"[128], weil er die Vielfalt und Unterschiedlichkeit betont, ohne die Situation von vornherein unnötig zu problematisieren. Für eine Patchworkfamilie sind viele Anpassungen nötig. Stiefvater oder -mutter übernehmen oft eine Elternrolle, ohne wirklich die Eltern zu sein, und können

---

[126] Nach Angaben des Statistischen Bundesamtes (www.destatis.de) liegt das Durchschnittsalter bei ersten Eheschließungen in Deutschland für Männer bei 31,6 Jahren, für Frauen bei 28,8 Jahren. Es dürfte davon auszugehen sein, dass diese Zahlen in konservativ-christlichen Kreisen deutlich niedriger sind.

[127] Auf die theologische Problematik von Ehescheidung und Wiederheirat kann hier nicht eingegangen werden. Ich verweise aber ausdrücklich auf Bochmann/van Treeck, *Ehescheidung und Wiederheirat: Ein pastoraltheologisches Symposium.* Auch auf die Besonderheiten der Ehen ohne Trauschein im Alter (insbesondere aus finanziellen Gründen) kann hier nicht eingegangen werden. Das am Anfang dieses Buches vorgetragene Verständnis von „Ehe" erlaubt hier Spielraum, der Ungerechtigkeiten des Sozialsystems auffangen helfen kann. Insgesamt ist die „eheähnliche Lebensgemeinschaft" aber ein ernst zu nehmendes, eigenständiges Themengebiet.

[128] Der Begriff kommt aus dem Englischen und ist nicht wirklich übersetzbar. Ein „patch" ist ein Stück, ein Flecken, ein Teil von etwas. Ein „patchwork quilt" ist eine traditionelle Decke, die ursprünglich aus unterschiedlichen Stoffresten zusammengenäht wurde.

die Kinder auch bei besten Absichten in enorme Loyalitätskonflikte stürzen. Stiefgeschwister müssen nicht nur mit neuen Elternfiguren fertig werden, sondern auch mit Altersgenossen, die sie mögen oder auch nicht, für die sie sich aber oft einschränken, den Lebensraum (manchmal sogar das Zimmer) und die eigenen Elternteile teilen müssen.

Handelt es sich aber um eine Paar jenseits der Lebensmitte mit eigenen erwachsenen Kindern, so wird häufig davon ausgegangen, dass keine Patchworkfamilie mit all den damit verbunden Themen und potenziellen Problemen besteht. Dies ist ein Irrtum. Nicht selten fühlen sich selbst erwachsene Kinder unwohl, wenn eine andere Person in das Leben des eigenen Elternteils tritt. Latente und oft hinter höflichem Wohlwollen versteckte Eifersucht, bei einem verwitweten Elternteil Sorge um das angemessene Andenken gegenüber dem verstorbenen Elternteil oder aber auch offene Angst um das eigene Erbteil, das nun zwischen mehr Personen geteilt werden wird, führen zu Spannungen, die die neue Beziehung nicht unerheblich belasten können.

In der Ehevorbereitung sollte die Situation mit den Kindern sehr offen und direkt angesprochen werden.[129] Leben die Kinder noch zu Hause, ist zu überlegen, ob und in welcher Weise sie in die Ehevorbereitung einbezogen werden sollten. Die Ehevorbereitung ist in erster Linie eine Angelegenheit des Paares. Dennoch kann es für alle Beteiligten hilfreich sein, einmal die Kinder zu dem Thema zu hören. Der Anlass kann sein, dass der Berater oder die Beraterin die Kinder wissen lässt, dass er bzw. sie sie gerne einmal kennen lernen möchte, zumal es in der Ehevorbereitung auch um sie geht. Solche Begegnungen dürfen dann allerdings nicht dazu missbraucht werden, die Kinder anzuhalten, sich doch endlich über das neue Glück der „Eltern" zu freuen, den Partner des Elternteils als neuen Vater bzw. als neue Mutter zu akzeptieren etc. Es geht vielmehr darum, die Kinder zu hören und gemeinsam Strategien entwerfen zu lassen, wie etwaige Schwierigkeiten (die völlig normal sind) in Angriff genommen werden sollen.

---

[129] Bei dem Inventar zur Ehevorbereitung PREPARE gibt es deshalb sogar eine eigene Version für Paare mit Kindern aus früheren Beziehungen, die einen Einstieg in die Thematik erleichtern soll.

Trauer und Abschied

Egal, ob Scheidung, Tod oder ein langes Single-Dasein der Heirat reiferer Paare vorangegangen ist, Abschied und Trauer sind enger und gewichtiger damit verbunden als bei jungen Paaren. Oft hat sich eine neue Beziehung angebahnt, gerade weil sie Trost in einer Zeit des Schmerzes und der Trauer anbot. Hier ist zu fragen, ob die Trauer durch die neue Beziehung unterbunden wurde – also im Grunde nicht stattfinden konnte! Dann kann es sehr sinnvoll sein, Zeit zum bewussten Trauern einzuräumen. Das traditionelle „Trauerjahr" für verwitwete Menschen sollte nicht zuletzt davor schützen, allzu schnell in eine neue Beziehung zu stürzen, ohne die Trauer zuvor abgeschlossen zu haben. Ähnliches ist auch nach Scheidungen anzuraten (was natürlich besonders problematisch ist, wenn der neue Partner oder die neue Partnerin der Grund für die Scheidung ist).

Ob und wie viel sich Partner von früheren Beziehungen erzählen sollen, hängt vor allem von ihnen selbst ab. Manche Partner wollen alles über den vorherigen Partner erfahren, insbesondere bei verwitweten Partnern. Andere möchten das nicht. Doch wird ein vorheriger Partner immer Teil des Lebens bleiben und ist eine völlige „Verbannung" des Ex-Partners oder des Verstorbenen eine Illusion. Deshalb halte ich auch die Vernichtung aller Erinnerungshilfen (z. B. Fotos) nicht für sinnvoll. Dadurch werden Verdrängungsmechanismen oder aber Idealisierungen verstärkt, die beide in der neuen Beziehung mehr Schaden anrichten können, als Nutzen dadurch entsteht.

Dennoch sollte die neue Beziehung einen deutlichen neuen Rahmen erhalten. Ein neues Zuhause, wenigstens aber ein Tapetenwechsel (buchstäblich) ist mehr als wünschenswert und kann helfen, den Neuanfang zu dokumentieren und damit zu erleichtern. Dies gilt auch bei vorherigem Single-Dasein, das ja Abschied von einigen persönlichen Freiheiten bedeutet, die sich oft auch in der Gestaltung des Lebensraumes ausdrückt. Ehevorbereitung bedeutet hier, sehr behutsam Veränderungsmöglichkeiten anzusprechen und zu ermutigen, solche Möglichkeiten zu nutzen.

Reifere Paare

In der Ehevorbereitung von Paaren in oder jenseits der Lebensmitte gibt es darüber hinaus sowohl formale als auch inhaltliche Besonderheiten zu beachten, die abschließend noch Erwähnung finden sollen. So weisen Paare in der Lebensmitte sowohl vom Alter, als auch von der Lebensgestaltung her nicht selten mehr Lebenserfahrung auf als der Seelsorger oder die Seelsorgerin, der Berater oder die Beraterin. Diese Lebenserfahrung sollte nicht durch „Fachwissen" übertrumpft werden, sondern sehr behutsam Hauptbestandteil der Arbeit sein. Mehr noch als bei jungen Paaren ist deshalb auf die Agenda des Paares statt die eigene Themenliste zu achten. Auch mögen nicht alle Kapitel dieses Buches für ältere Paare relevant sein – manche können getrost übersprungen, andere müssen adaptiert werden. Dabei ist bei Paaren, die aus einer anderen Generation als der eigenen stammen, zu berücksichtigen, dass auch andere Wertvorstellungen bestehen können. So wird ein Paar fortgeschrittenen Alters, das noch nie Beratung oder Therapie in Anspruch genommen hat und dem die Form der Ehevorbereitung eher fremd ist, es kaum für angemessen halten, über sexuelle Fragen zu reden. Daraus darf aber nicht geschlossen werden, Sexualität sei für das Paar kein Thema! Jedoch ist besonderes Fingerspitzengefühl und Einfühlung in die Sprache und Lebenswelt erforderlich, Offenheit auch für jene Themen zu signalisieren, über die „man" eigentlich nicht sprechen mag.

Reifere Paare setzen sich verstärkt mit Fragen der Gesundheit, des Älterwerdens und des Todes auseinander.[130] Fragen der Alterssicherung, der Versorgung im Falle des Todes oder der Pflegebedürftigkeit eines Partners sind hier durchaus relevant und können mit den meisten Paaren sachlicher angegangen werden, als manch ein Seelsorger oder Berater vermuten würde. Wenngleich dies sicher nicht „Einstiegsthemen" sind, kann eine Frage wie: „Haben Sie schon einmal darüber nachgedacht, wie Sie füreinander sorgen werden, wenn die gesundheitlichen Kräfte nachlassen?", helfen, diese Themenbereiche

---

[130] Bei dem Ehevorbereitungsprogramm PREPARE gibt es eine spezielle Version für Paare in der Lebensmitte („MATE"), die die entsprechenden Themen mit einbezieht.

für das gemeinsame Gespräch zu öffnen. Auch der Austritt aus dem Berufsleben und Übergang in den Ruhestand gehört zu den wichtigen Themen reiferer Paare. „Was haben Sie sich für die Zeit des Ruhestandes vorgenommen?", könnte eine Frage lauten, die anregt, Pläne zu schmieden, Träume zu entwickeln, aber auch Schwierigkeiten wahrzunehmen, die auftauchen können.

Zusammenfassung

Im Grunde genommen ist jedes Paar in der Ehevorbereitung ein „Sonderfall" mit Eigenheiten, individueller Dynamik, persönlichen Stärken und Lasten. Einige Gegebenheiten wurden hier besonders herausgegriffen, weil sie nach meiner Einschätzung zusätzliche Kompetenzen und Erfahrung erfordern sowie eine ehrliche Auseinandersetzung mit der eigenen Haltung. In manchen Bereichen ist aber auch ganz praktisches Wissen nötig, das über die Grundkenntnisse und Fähigkeiten von Seelsorge und Beratung hinausgehen kann. Dies mag eine Erinnerung daran sein, dass wir delegieren dürfen, wenn wir an unsere Grenzen stoßen – oder, um es theologisch zu formulieren, dass der Leib Christi viele Glieder hat und eine Theologie unterschiedlicher Gaben auch heißt, wir müssen nicht mit jeder komplexeren Situation allein fertig werden.

Teil III
Weiterführendes

17. Angebote zur Ehevorbereitung

Vorübung
Reflektieren Sie folgende Fragen für sich – möglichst mit einigen
Stichpunkten auf einem Blatt Papier.

■ Auf welcher theoretischen und methodischen Grundlage biete ich
Ehevorbereitung an oder möchte sie anbieten?
■ Was qualifiziert mich persönlich, Ehevorbereitung anzubie-
ten?
■ Welche Art der Fortbildung würde ich mir in diesem Bereich wün-
schen?
■ Wie viel Einsatz bin ich bereit und in der Lage aufzubringen, um
mich für Ehevorbereitung weiter zu qualifizieren?

Vergleichen Sie Ihre Vorstellungen mit den unterschiedlichen Möglichkeiten, die dieses Kapitel anbietet. Gibt es weiteren Informations-
oder Entscheidungsbedarf? Wie wollen Sie damit umgehen?

Hinführung
In seiner aus heutiger Sicht kurios anmutenden Broschüre *Von Mann
zu Mann* beschreibt der zu seiner Zeit sehr bekannte Arzt und Eheberater Theodor Bovet, wie „Männerweihe bei den Wilden" ausgesehen
habe. Damit aus Jungen Männer werden, würden sie in manchen
Naturvölkern in den Wald geführt, „verschiedenen, zum Teil
schmerzhaften Prozeduren unterzogen". Man tätowiere sie und

schlage ihnen vielerorts zwei Zähne aus.[131] Wollte Bovet damals wohl zeigen, wie glücklich Männer sein könnten, dass sie nicht in „Naturvölkern" leben? Inzwischen haben sich solche Rituale mit Piercing, Tattoos und anderen Selbstverletzungen auch in unserer Gesellschaft etabliert. Hinter solchen Ritualen stehen (zumindest ursprünglich) oft mystisch-magische Vorstellungen und die Hoffnung, dass das Leben gelingt.

Gerade in einer Gesellschaft, die in den letzten Jahren mystischmagisch überflutet wurde (die Esoterik-Welle mag zwar am Abklingen sein, doch hat sie quer durch alle Schichten deutliche Spuren hinterlassen), scheint es mir angebracht, Rituale oder, nüchterner ausgedrückt, Vorgehensweisen zu finden, die der Faszination des Magischen nicht erliegen und dennoch Übergänge in neue Lebensabschnitte deutlich markieren und begleiten. Auf das Thema „Ehevorbereitung" bezogen heißt dies, Angebote müssen mit ihren unterschiedlichen Zugängen hinsichtlich ihrer Methodik, Qualität und Wirksamkeit hinterfragt werden. Für drei Beispiele soll hier der Versuch unternommen werden.

Hauptteil

Dieses Buch mag Anregungen für Seelsorge und Beratung geben, ist aber für sich genommen kein „Ehevorbereitungsprogramm". Als Weiterführung des Anliegens dieses Buches sollen deshalb drei unterschiedliche Ansätze zur Ehevorbereitung vorgestellt werden, die im deutschsprachigen Raum Anwendung finden. Neben diesen Programmen zur Ehevorbereitung gibt es natürlich zahlreiche größere und kleinere Bemühungen, Ehevorbereitung anzubieten. Nicht alle halten, was sie versprechen. Deshalb haben wir hier Beispiele ausgewählt, die zum einen weit verbreitet sind, nicht an eine bestimmte Profession oder Konfession gebunden sind und – last but not least – wissenschaftlich überprüft wurden oder werden. Keines der hier vorgestellten Programme zur Ehevorbereitung wird die alleinige Antwort, das Nonplusultra der Ehevorbereitung sein. Aber verschiedene Bausteine können dazu beitragen, starke Ehen zu bauen.

---

[131] Bovet 1953, S. 7.

PREPARE

Bereits Ende der 70er Jahre begann der inzwischen emeritierte Professor für Sozial- und Familienwissenschaften an der Universität von Minnesota, Dr. David H. Olson, ein Instrument zur Ehevorbereitung zu entwickeln, das mittlerweile, nach mehreren Revisionen und Erweiterungen, zu einem bedeutenden Ehevorbereitungsprogramm gewachsen ist; über 1,5 Millionen Paare haben es bei über 50.000 speziell dafür ausgebildeten Beratern, Seelsorgern und Paartherapeuten durchlaufen. Herzstück des Programms ist ein wissenschaftlich solides, aus 165 Items bestehendes Inventar, das die verschiedenen Beziehungsbereiche eines Paares – wie sie in diesem Buch dargestellt wurden – auf Stärken und Wachstumsbereiche untersucht. Die Auswertung dieses Inventars ist dann die Grundlage für die seelsorgerlichen oder beratenden Gespräche zur Ehevorbereitung. Die Kosten für die Auswertung betragen 20 Euro pro Paar. Die Beratungsgespräche sind je nach Setting z. T. kostenlos (bzw. auf Spendenbasis) oder werden nach orts- und standesüblichen Honorarsätzen berechnet.

Ein Paar, das an PREPARE teilnehmen möchte, sucht sich (z. B. im Internet) einen Berater oder eine Beraterin, der oder die für den Umgang mit dem Instrumentarium qualifiziert ist, und füllt dort nach einer entsprechenden Einführung die Bestandsaufnahme aus. Diese besteht aus einer Anzahl von Hintergrundfragen zur Person (z. B. Bildung, Einkommen, Beruf), zur Familiengeschichte (einschließlich Fragen zu Drogenmissbrauch und Gewalterfahrungen), sowie 165 Items, in denen 13 Themenbereiche und eine Analyse der Familienstruktur eingearbeitet sind. Das Inventar ist in verschiedenen Varianten (z. B. für Paare mit Kindern aus früheren Beziehungen oder Paaren in der Lebensmitte) und auch in verschiedenen Sprachen erhältlich.[132] Bei den Antworten kann zwischen fünf Möglichkeiten von „trifft zu" bis „trifft nicht zu" gewählt werden. Die Beraterin oder der Berater sendet die Antworten anonymisiert zur zentralen

---

[132] Durch den identischen Aufbau können Fragebögen unterschiedlicher Sprache problemlos kombiniert werden, was die Arbeit mit binationalen Paaren erheblich erleichtert.

Computerauswertung[133] ein und erhält wenige Tage später eine 15 Seiten umfassende Auswertung und weitere Materialien für die Arbeit mit dem Paar zurück. Es folgen in den meisten Fällen drei bis fünf Nachgespräche, in denen die Stärken und Wachstumsbereiche der Beziehung mit dem Paar diskutiert werden. Ziel dieser Nachgespräche ist es, neben der Vermittlung von Einsichten über die Beziehung auch partnerschaftsfördernde Fähigkeiten wie Selbstbehauptung (eigene Wünsche und Bedürfnisse formulieren), aktives Zuhören und Konfliktlösung zu trainieren, sowie einen gesunden Finanzplan zu entwickeln.

PREPARE ist weltanschaulich weitestgehend neutral, doch eignet es sich besonders für die Seelsorge, weil es die Glaubensdimension als für die Paarbeziehung relevant bewusst mit einbezieht. Von den über 1.200 Beratern im deutschsprachigen Raum, die PREPARE einsetzen, sind der größte Teil Seelsorgerinnen und Seelsorger unterschiedlicher Kirchen und (vor allem) Freikirchen. Dies ist auch insofern verständlich, als kaum ein Paar etwa einen Psychotherapeuten aufsuchen und sich hinsichtlich der Heiratsabsicht therapieren lassen würde (siehe Kap. 3). In einem eher therapeutischen Setting lässt sich PREPARE mit verschiedenen Ansätzen kombinieren und integrieren. Unter den Anwendern des Instrumentes sind sowohl primär gesprächspsychotherapeutisch als auch verhaltenstherapeutisch und tiefenpsychologisch orientierte Beraterinnen und Berater. Die Stärke von PREPARE liegt dabei in der pragmatischen Ressourcenorientierung und der systemischen Sichtweise der Paarbeziehung, die eben nicht auf ein „Psychologisieren" abzielt, sondern ganz praktische Fragen der Beziehung anspricht. Somit ist der Einsatz von PREPARE vor allem der erziehungswissenschaftlich/pädagogischen Tradition der Beratung zuzuordnen, die in erster Linie präventiv und nicht kurativ („therapeutisch") arbeitet.

Die psychometrischen Aspekte von PREPARE sind gründlich untersucht und unterliegen ständiger wissenschaftlicher Kontrolle. Für die

---

[133] Die zentrale Auswertung verhindert nicht nur Missbrauch und unsachgemäßen Einsatz des Instruments, sondern hilft auch, es unter ständiger wissenschaftlicher Beobachtung bei voller Gewährleistung des Datenschutzes zu halten.

deutsche Version werden Normen aus dem deutschsprachigen Einsatzgebiet verwendet. Die von Dieterich aufgestellten Kriterien für ein solides Testverfahren werden – soweit für ein solches Inventar relevant – erfüllt.[134] Wichtiger noch scheint mir die von psychometrischen Merkmalen unabhängige klinische Nützlichkeit von PREPARE. Sie wird von Anwendern und den Paaren immer wieder bestätigt.[135] Seelsorger, Eheberater und Therapeuten können PREPARE einsetzen, nachdem sie ein mindestens 1 $^1/_2$-tägiges Ausbildungsseminar besucht haben, das über das Jahr verteilt an verschiedenen Orten angeboten wird. Laienseelsorger mit entsprechender Ausbildung und Erfahrung können ebenfalls an diesen Seminaren teilnehmen.[136] Weitere Informationen und aktuelle Seminarangebote finden sich im Internet unter http://www.prepare-enrich.de oder können bei der Alleinvertretung für den deutschsprachigen Raum angefordert werden:

PREPARE/ENRICH

Jahnstr. 11

D-15366 Neuenhagen

Tel. 0 33 42 / 24 76 76

Fax. 0 33 42 / 24 76 78

E-mail: info@prepare-enrich.de

---

[134] In seinem Buch *Persönlichkeitsdiagnostik* stellt Dieterich zehn Kriterien auf, anhand derer die Qualität von Persönlichkeitstests überprüft werden können. Wenngleich es sich bei PREPARE um ein Beziehungsinventar und keinen Persönlichkeitstest handelt, werden die Kriterien, soweit sie übertragbar sind, erfüllt.

[135] Auch hierzu liegen Untersuchungen vor. Im deutschsprachigen Raum stellte Diana Lambert (2003) in ihrer Diplomarbeit Interviews mit PREPARE-Beratern vor, die den Nutzen, aber auch die Grenzen des Einsatzes aufzeigen.

[136] Diese Praxis wird von den „Profis" manchmal kritisiert, doch wird häufig gerade im präventiven Bereich und gerade im Bereich Partnerschaft durch „Laien" eine hervorragende Arbeit geleistet, die durch nichts zu ersetzen ist. Allerdings kann das PREPARE/ENRICH Seminar keine Einführung in grundlegende Beratungs- oder Seelsorgefragen bieten. Hier wird auf Angebote von Organisationen wie Bildungsinitiative, Institut für Seelsorge und Psychologie im Bildungszentrum Elstal, BTS, IGNIS etc. hingewiesen, die auch geeigneten Laien ohne akademische Vorbildung offen stehen.

EPL

In Deutschland weitaus bekannter und für den deutschsprachigen Raum auch schon länger erforscht ist das Programm „EPL" (Ein partnerschaftliches Lernprogramm).[137] KISS ist eine nach dem EPL-Modell entwickelte Variante, die insbesondere im evangelikalen Raum eingesetzt wird. In beiden Fällen handelt es sich um Gruppenprogramme zum Kommunikationstraining für junge Paare (auch Ehepaare oder Paare ohne Heiratsabsichten). EPL besteht aus sechs Einheiten von jeweils gut zwei Stunden Dauer, in denen Kommunikationsfähigkeiten zunächst vorgestellt und dann anhand paarrelevanter Themen eingeübt werden. Zu einer Gruppe gehören vier Paare, die von zwei Kursleitern (je ein Mann und eine Frau) angeleitet werden. Die Kosten für das Kursangebot betragen in Deutschland zz. etwa 100 Euro pro Paar.

Das Programm ist bewährt und hilfreich, die Forschungsergebnisse zeigen, dass es ein effektives Werkzeug für die Ehevorbereitung oder Stärkung von Partnerschaften ist. Allerdings sind zwei Einschränkungen zu bemerken, die zwar nicht die Qualität, wohl aber die Einsetzbarkeit betreffen. Zum einen geht das Programm von Gruppen aus. Insbesondere in kleineren Freikirchen wird nicht immer der Bedarf bzw. die nötige Teilnehmerzahl vorhanden sein, Gruppenangebote zu machen. Ein Verweis an andere Gruppen – wenn er denn möglich wäre – ist nicht immer befriedigend. Ferner sind nicht alle Paare für eine Gruppenteilnahme geeignet bzw. gewillt, an einer Gruppe teilzunehmen. Die zweite Einschränkung besteht in der deutlichen Begrenzung auf das Thema Kommunikation. Ohne Zweifel ist dies der wichtigste Bereich für die Ehevorbereitung. Auch ist Kommunikation der Schlüssel für die zahlreichen anderen Bereiche und wird bei EPL eingesetzt, um über die verschiedenen Lebensbereiche ins Gespräch zu kommen. Dennoch kann eine solche Begrenzung Einseitigkeiten provozieren und andere wichtige Themenbereiche ausblenden. Es gibt bereits einige Berater, die den EPL- und den PREPARE- Ansatz miteinander erfolgreich kombinieren, was ein durchaus sinnvoller Weg sein kann.

---

[137] Bodenmann, G./Hahlweg, K. „Prävention bei Paaren und Familien" in Jerusalem/Weber (2003), S. 445–459.

EPL wird überwiegend – aber keinesfalls ausschließlich – im katholischen Raum eingesetzt. Die Familienreferate der Diözesen rekrutieren bedarfsabhängig aus ihren Mitarbeitern Menschen, die bereits in der Arbeit mit Paaren tätig sind, und lassen sie zweimal eine 3-tägige intensive Fortbildung durchlaufen, an deren erfolgreichen Abschluss ein Zertifikat steht, das zur Durchführung von EPL-Kursen berechtigt. Voraussetzung für den fortgesetzten Einsatz von EPL ist der Besuch von mindestens einmal jährlich stattfindender Supervision durch das Ausbildungsinstitut. Informationen zu EPL und ähnlichen Programmen z. B. zur Begleitung von Ehepaaren finden sich im Internet unter www.institutkom.de. Weitere Informationen sind auch direkt abrufbar über das

Institut für Forschung und Ausbildung
in Kommunikationstherapie e.V.
Rückertstr. 9
80336 München
Tel. 0 89 / 544 311-0
Fax: 0 89 / 544 311 26
E-Mail: info@institutkom.de

Partnerschule

Einen methodisch etwas anderen Ansatz bringt die Partnerschule von Rudolf Sanders (2000) mit sich. Herkommend vom integrativen Ansatz nach Petzold, wird hier mit gestalttherapeutischen Elementen versucht, die Sensibilität für Themen der Partnerschaft zu fördern und Einsichten nicht auf eine rein kognitive Ebene zu reduzieren. Das als Buch erschienene Konzept für Gruppenarbeit eignet sich sowohl für Ehevorbereitung als auch für junge Paare.

Sanders hat sein Konzept nicht nur in der Praxis erprobt, sondern auch in einer wissenschaftlichen Untersuchung auf Effektivität hin geprüft und die Ergebnisse in einer Dissertation zusammengefasst. Fortbildungsangebote zur Durchführung der Partnerschule sind zwar angedacht, aber nicht zwingend erforderlich. Das Buch bietet sowohl eine grundlegende theoretische Einführung als auch den Praxis-Leitfaden für die Arbeit mit Paaren. Ein Begleitbuch für Paare ist ebenfalls veröffentlicht.[138] Das Material ist hervorragend geeignet für Therapeuten und Berater, aber auch Seelsorger, die bereits mit gestalttherapeutischen Elementen in der eigenen Arbeit vertraut sind. Wer in diesem Bereich keine Vorkenntnisse und vor allem Erfahrung mitbringt, wird schnell an seine Grenzen stoßen und mag manche Übungen zunächst sogar befremdlich finden. Hier wäre es ratsam, sich einen grundlegenden Überblick zum Hintergrund dieser Arbeitsweise zu verschaffen. Weitere Informationen unter: http://www.partnerschule.de.

Zusammenfassung

PREPARE, EPL und die Partnerschule sind drei in Deutschland in Seelsorge und Beratung eingesetzte Modelle für die Ehevorbereitung.[139] Neben der gemeinsamen Intention der Stärkung von Partnerschaften durch Entdeckung und Entwicklung von Fähigkeiten und Ressourcen teilen die Programme auch den Anspruch wissenschaftlicher Begleitung. Das spricht für mehr als nur „gute Absichten" oder „nette Versuche". Methodisch sind die Modelle vielfältig, schließen sich gegenseitig aber nicht aus. Deshalb sollten die unterschiedlichen Angebote – wie die hier dargestellten – auch nicht als Konkurrenz betrachtet werden, sondern als vielfältige Möglichkeiten, sich Handwerkszeug anzueignen und damit ein wichtiges Thema in das innerkirchliche, aber auch gesellschaftliche Bewusstsein zu bringen.

---

[138] Sanders, 1998. Das Buch *Partnerschule* ist zz. leider vergriffen, das Buch für Paare ist jedoch noch erhältlich.

[139] Völlig unberücksichtigt gelassen wurden Modelle, die nur für Psychologen zugänglich sind – wie das Freiburger Stress Präventionstraining (Bodenmann, 1999). Obwohl von Ansatz und Ausführung durchaus vielversprechend, wird es sich für Seelsorge und Beratung nicht anbieten, weil gerade im Bereich der präventiven Paarberatung relativ selten Psychologen zum Zuge kommen werden.

18. Zukunft der Ehevorbereitung

Vorübung

Wenn Sie dieses Buch systematisch durchgearbeitet haben, konnten Sie – so hoffe ich – eine Reihe von Anregungen mitnehmen, wurden aber auch herausgefordert, sich auf einer sehr persönlichen Ebene mit den Fragen rund um die Ehevorbereitung auseinander zu setzen. Zum Abschluss des Buches möchte ich Sie einladen, noch einmal anhand der folgenden Fragen über die Lektüre des Buches zu reflektieren.

- Was war besonders hilfreich für mich?
- Welche kritischen Anfragen habe ich an den Autor?
- Welche sonstigen Kommentare zum Buch sind mir wichtig?
- Was wird sich bezüglich eigener Angebote zur Ehevorbereitung ändern?

Ein Buch muss keine Einbahnstraße sein. Wenn Sie mögen, können Sie mir Ihre Reaktionen per E-Mail oder Post zukommen lassen. Im Rahmen meiner zeitlichen Möglichkeiten bin ich gerne bereit, in einen Dialog mit Ihnen zu treten. Bitte schreiben Sie an:

andreas.bochmann@thh-friedensau.de

oder per Post an:

Dr. Andreas Bochmann
Theol. Hochschule Friedensau
An der Ihle 19
D-39291 Friedensau

Hinführung

Vor einigen Jahren bekam man auf den Satz: „Ich bin Vegetarier", die Antwort: „Ach, das ist ja interessant. Ich bin evangelisch." Inzwischen ernähren sich angeblich 8–10% der Deutschen vegetarisch, und gibt es wohl kaum eine Pizzeria, die nicht auch ein vegetarisches Gericht anbietet. Ähnlich ist das mit der Ehevorbereitung. Fand man vor wenigen Jahren in einer Internetsuchmaschine unter „Ehevorbereitung" nur zwei obskure kirchenrechtliche Dokumente zu dem Thema, so ist der Begriff heute in den Medien weit verbreitet und die Liste der Einträge in Suchmaschinen unüberschaubar lang. Fast muss man schon wieder Sorge haben, es handle sich bei „Ehevorbereitung" um einen Modetrend, der deshalb bald wieder aus dem öffentlichen Interesse verschwunden sein wird. Was für eine Zukunft hat Ehevorbereitung? Dieses letzte Kapitel will eine Art Ausblick auf weitere Entwicklungen und Erfordernisse bieten und zu weiterer Diskussion und Reflexion anregen.

Hauptteil

Im März 2002 hat das Meinungsforschungsinstitut *forsa* im Auftrag der Frauenzeitschrift *Marie Claire* rund 1.000 Menschen zwischen 18 und 60 Jahren unter dem Stichwort „Eheführerschein" zu Ehe und Ehevorbereitung befragt. Wenngleich sich nur 16% der Befragten vorstellen konnten, so etwas wie einen Eheführerschein zu machen und nur 9% eine entsprechende Verpflichtung unterstützten, waren immerhin 75% überzeugt, dass das Zusammenleben in einer Partnerschaft erlernt werden könne. Nach Meinung von 64% der Befragten könnte dies auch helfen, die Scheidungsrate zu reduzieren. Ein „Eheführerschein" würde nach Meinung von 24% der Befragten „gut auf die Ehe vorbereiten".[140] Sowohl die Umfrage an sich als auch die Ergebnisse belegen, dass in der Gesellschaft ein neues Bewusstsein wächst, dass der Bestand von Ehen keine Selbstverständlichkeit, aber auch der Zerbruch von Ehen nicht zwangsläufig, sondern zu verhindern ist.

Literatur und Medien

Die Fülle der Berichterstattung in den Medien – Berichte in Magazinen, Frauenzeitschriften, Zeitungen, Radio, Fernsehen – sind ein weiteres Indiz, dass „Ehevorbereitung" ein gesellschaftsrelevantes Thema gewor-

---

[140] Forsa-Institut, 2002 „Meinungen zur Einführung eines Eheführerscheins. Ergebnisse einer repräsentativen Bevölkerungsumfrage".

den ist.[141] Medien berichten im Allgemeinen nur über das, was sich auch verkaufen lässt.

Fachliche Literatur zum Thema war hingegen bisher eher selten im deutschsprachigen Raum und zumeist auf EPL und den katholischen Raum beschränkt.[142] Hier scheint sich in jüngerer Zeit eine Trendwende abzuzeichnen, in die sich nicht zuletzt dieses Buch als Baustein eines größeren Projekts einreihen möchte. Insbesondere wurden einige interessante Arbeiten an Hochschulen und Fachhochschulen verfasst, die sich dem Thema Ehevorbereitung, Partnerwahl, Prävention von Beziehungsstörungen gewidmet haben.[143] Aber auch die Arbeit von Sanders sowie ein kleiner Beitrag von mir in der Informationsschrift der DAJEB sind Hinweise auf ein breiter werdendes Spektrum an Fachliteratur.[144]

---

[141] Chrismon, Marie Claire, die Talkshow Fliege, Sendungen des SWR 3 und anderer Regionalsender, ARD Morgenmagazin sind nur einige prominentere Beispiele für diese Entwicklung. Augenzwinkernd, aber vielleicht nicht völlig aus der Luft gegriffen ist die Vermutung, dass das verstärkte Medieninteresse begann, als Boris und Barbara Becker sich scheiden ließen. „Wenn solch ein Traumpaar es nicht schafft zusammenzubleiben, wer dann?", war die implizite und manchmal explizite Frage, die den Blick für präventive Maßnahmen zum Erhalt einer Ehe und damit für Ehevorbereitung öffnete.

[142] Das meines Wissens erste fachliche Buch, das den Begriff „Ehevorbereitung" verwendete, stammt von 1972 und enthält die Vorträge eines Studientages für Referenten der Brautleutetage und Eheberater der Erzdiözese München-Freising (Mandel/Mandel/Stadter, 1972). Dieses Buch ist noch sehr problemorientiert und stellt die Ehevorbereitungzeit als eine ernst zu nehmende Krisenzeit für die Brautleute dar. Nach einem kirchenrechtlichen Werk (Reinhardt, 1990) folgte die vergleichsweise umfangreiche EPL-Literatur, eine Dissertation von Breuer (1995) und ein Buch über die Didaktik der Ehevorbereitung (Kiefer, 1995) – alle im katholischen Raum beheimatet.

[143] So haben sich zwei angehende evangelische Theologen unabhängig voneinander mit dem Thema befasst (Aebi, 1997; Harder, 2003), Diana Lambert (2003) hat eine Diplomarbeit in Sozialpädagogik verfasst und Holger Schmid (2004) eine umfangreiche Literaturarbeit als Magisterarbeit im Bereich Soziale Verhaltenswissenschaften zu Determinanten der Partnerwahl abgeliefert.

[144] Sanders, 2000; Bochmann, 2002.

Schon etwas länger[145] und in sehr unterschiedlicher Qualität bietet der katholische wie auch der evangelikale Büchermarkt Literatur für Paare an, die sich auf die Ehe vorbereiten. Meist handelt es sich dabei um Bücher des Genres „Ratgeber", die auf eine Vielfalt von Themen eingehen[146] oder sich ausgewählten Themen zuwenden.[147] Diese Literatur muss allerdings auch kritisch hinterfragt werden. Die erfahrungsgestützte Vermutung liegt nahe, dass solche Bücher eher von Frauen als von Paaren gemeinsam gelesen werden. Selten werden sie tatsächlich als Arbeitsbuch Anwendung finden. Damit ist der Nutzen dieser Literatur eher begrenzt. Es ist ohnehin zu fragen, ob Literaturstudium und Informationsvermittlung tatsächlich als Ehevorbereitung ausreichen, also nachhaltige Veränderungsprozesse innerhalb der Partnerschaft bewirken. Mir scheint es vielversprechender, solche Literatur in einen Seelsorge- oder Beratungsprozess ergänzend einzubeziehen. In jedem Fall ist jedoch zu befürchten, dass die Wirksamkeit und Nützlichkeit dieser Literatur nie untersucht wurde. Hier besteht ein Nachholbedarf: zum einen, um der wissenschaftlichen Integrität willen zum anderen, um Paaren wirklich den bestmöglichen Start in das gemeinsame Leben zu ermöglichen.

---

[145] Zu den Raritäten meiner Literatursammlung gehören zwei Schriften des zu seiner Zeit sehr renommierten christlichen Eheberaters Theodor Bovet aus dem Jahre 1953 (*Von Mann zu Mann* – eine Aufklärungsbroschüre für junge Männer) und 1955 (*Die Ehe: Das Geheimnis ist groß*. Die Erstausgabe stammt von 1946). Wenngleich psychologisch und pädagogisch vieles aus heutiger Sicht zu hinterfragen ist und moralisierend wirkt, was Bovet verfasst hat, zeigt es, dass das Thema durchaus schon länger präsent war. Es war eben nicht allein Beate Uhse, die sich der Aufklärung und präventiven „Ehehygiene" im Nachkriegsdeutschland widmete. Auch im christlichen Umfeld wurde versucht, mit hinderlichen Tabus zu brechen und praktische Hilfen anzubieten. Bovets Arbeit war wichtig, weil er eine christlich orientierte Auseinandersetzung mit den Themen anstieß.

[146] Als gutes Beispiel sind Buch und Arbeitsheft von Claudia und David Arp (2003), *Liebe ist kein Zufall*, zu empfehlen.

[147] Das inzwischen in die Jahre gekommene sexualkundliche Werk von Tim und Beverly LaHaye (bisher letzte Auflage 1999) *Wie schön ist es mit dir* wurde beispielsweise explizit auch für die Ehevorbereitung geschrieben. Allerdings lautete die Empfehlung, es erst sehr kurz vor der Hochzeit zu lesen, um unnötig frühzeitige sexuelle Erregung zu vermeiden.

Forschung

In den USA ist seit etlichen Jahren im sozialwissenschaftlichen Bereich ein neuer Trend in der Forschung erkennbar. Nicht mehr allein die Fragen nach dysfunktionalen Konstrukten (hier z. B.: „Warum scheitern Ehen?") beherrschen die Forschungsprojekte und Fachzeitschriften, sondern Untersuchungen der funktionalen (hier: „Welche Faktoren tragen zum Gelingen einer Ehe bei?"). In Europa ist nach wie vor eine Problemorientierung vorherrschend. Doch lassen einige Projekte hoffen, dass auch bei uns eine Trendwende kommt. Wünschenswert scheint mir hier eine ideelle und finanzielle Unterstützung durch alle gesellschaftlichen Institutionen, die Ehe für ein fördernswertes Gut halten. Dazu sollte auch der Staat gehören, der per Grundgesetz den Schutz von Ehe und Familie garantiert.

Einige der am Anfang des Buches erwähnten Studien laden zur weiteren Untersuchung ein. Sie müssen für den deutschsprachigen Raum überprüft werden, um Schlussfolgerungen glaubhaft zu übertragen oder anzupassen. Gemeinsam mit Einrichtungen der Theologischen Hochschule Friedensau, an der ich lehre, werden solche Projekte zz. entwickelt. Interessenten sind ermutigt, sich zu melden, um gegebenenfalls auch Kooperationen zu vereinbaren.

Begrifflichkeiten

Abschließend noch ein Wort zu Begrifflichkeiten. In diesem Buch wurde der Begriff „Ehevorbereitung" gebraucht. Programme und Veranstaltungsangebote verwenden, wenn sie nicht aus dezidiert christlichem Hintergrund kommen, eher den Begriff „Partnerschaft". Mit dieser „Umetikettierung"[148] soll aber zumeist nicht eine stärkere inhaltliche Akzentuierung vermittelt, sondern dem gesellschaftlichen Trend zu weniger Verbindlichkeit entsprochen werden. Während *Ehe* zumindest in der begrifflichen Assoziation nach wie vor für Verbindlichkeit steht, wird mit *Partnerschaft* oftmals eher eine Zweckgemeinschaft auf Zeit verbunden. So ist die zunächst als Stilblüte gedachte

---

[148] EPL beispielsweise wird heute zumeist nur noch mit „Ein partnerschaftliches Lernprogramm" wiedergegeben. Ursprünglich aber stand das „E" für Ehevorbereitung. Einige Anbieter hatten sich in dieser (vermeintlichen) Engführung nicht wiedergefunden.

Lebensabschnittspartnerschaft heute ein durchaus seriöser Begriff geworden. Wird der Begriff „Partnerschaft" inhaltlich beschreibend verstanden (im Sinne eines partnerschaftlichen, gleichberechtigten Verhältnisses), ist er natürlich angemessen.

In jedem Fall bevorzuge ich den Begriff „Ehe". Der Begriff „Ehe" hat sich zwar gewandelt, eine verbindliche, lebenslange Gemeinschaft eines heterosexuellen Paares ist aber noch immer ein schützenswertes Gut. Wegen schlechter Erfahrungen die Ehe zu verwerfen, kann keine Antwort sein (siehe Kap. 1). Deshalb halte ich es auch für wünschenswert, von *Ehe* zu sprechen, Angebote zur *Ehe*vorbereitung zu gestalten und durch das verwendete Vokabular auch die Zielsetzung deutlich werden zu lassen, selbst wenn diese manchen gesellschaftlichen Kreisen als fragwürdig erscheinen mag. Nur so kann die Diskussion wieder in Gang kommen, die durch andere Formen von Partnerschaft ausgeblendet wurde.[149] Hier können gerade Kirchen und Freikirchen einen enormen Beitrag leisten, Begriffe zu klären und Diskussionen wieder in Gang zu bringen – und damit zugleich gesellschaftlich und politisch wieder relevanter werden.

Zusammenfassung

Wir sind im deutschsprachigen Raum selbst in Kirchen und Gemeinden noch weit davon entfernt, „Ehevorbereitung" als Selbstverständlichkeit zu betrachten. Doch werden erste Schritte gegangen, um sich mit dem Thema auseinander zu setzen und eine innerkirchliche, aber hoffentlich auch weitere gesellschaftliche Diskussion anzustoßen. Sowohl Massenmedien als auch Fachpublikationen und Forschungsprojekte widmen sich zunehmend einem präventiven, psychoedukativen Ansatz der Paararbeit. Auch dieses Buch mit dem dezidierten Anliegen „Ehevorbereitung" wollte einen Beitrag dazu leisten und einen Baustein dazu liefern, starke Ehen zu bauen.

---

[149] Die öffentlichen Diskussionen über gleichgeschlechtliche Partnerschaften beispielsweise ist aus vielerlei Gründen wichtig. Der Raum, den diese Diskussionen in den Medien einnehmen, steht jedoch in keinem Verhältnis zum tatsächlichen Bedarf, geschweige denn zur Berichterstattung über „Ehe", die nicht nur grundgesetzlich geschützt ist, sondern auch von einer überwältigenden Mehrheit der Jugendlichen als Lebensform angestrebt wird.

Anhang

Literaturverzeichnis

Aebi, Philipp, *Streiflichter zur kirchlichen Ehevorbereitung*, Bern: Unveröffentlichte Akzessarbeit im Fach Seelsorge, Evang.-theol. Prüfungskommission des Kanton Bern, 1997.

Arp, Claudia/Arp, David, *Liebe ist kein Zufall – Arbeitsheft: Was glückliche Paare richtig machen. Leitfaden für Paar- und Gruppengespräche*, Gießen: Brunnen-Verlag, 2003.

Arp, Claudia/Arp, David, *Liebe ist kein Zufall: Was glückliche Paare richtig machen*, Gießen: Brunnen-Verlag, 2003.

Baldermann, Ingo, *Die Bibel – Buch des Lernens: Grundzüge biblischer Didaktik*, Göttingen: Vandenhoeck & Ruprecht, 1980.

Bochmann, Andreas, *The impact of religious orientation on premarital couples: A cross-cultural and cross-denominational comparison*: Baltimore: Loyola College in Maryland, unveröffentlichte Dissertation, 1993.

Bochmann, Andreas/van Treeck, Klaus-J. (Hg.), *Ehescheidung und Wiederheirat: Ein pastoral-theologisches Symposium*, Friedensau: Theologische Hochschule Friedensau, 2000.

Bochmann, Andreas/Näther, Ralf, *Sexualität bei Christen. Wie Christen ihre Sexualität leben und was sie dabei beeinflusst: Empirische Studien und Diskussionsbeiträge*, Gießen: Brunnen Verlag, 2002.

Bodenmann, Guy, Das Freiburger Stresspräventionstraining (FSPT): Theoretischer Hintergrund und empirische Wirksamkeit, in Kaiser, P. (Hg.), *Partnerschaft und Paartherapie* (S. 293–304), Göttingen: Hogrefe, 1999.

Bodenmann, Guy, *Stress und Coping bei Paaren*, Göttingen: Hogrefe, 2000.

Bodenmann, Guy, *Stress und Partnerschaft. Gemeinsam den Alltag bewältigen*, Göttingen: Hans Huber Verlag, 2001.

Bodenmann, Guy/Hahlweg, Kurt, Prävention bei Paaren und Familien. In Jerusalem, M./Weber, H. (Hg.), *Psychologische Gesundheitsförderung – Diagnostik und Prävention*, Göttingen: Hogrefe, 2003.

Bovet, Theodor, *Die Ehe. Das Geheimnis ist groß*, Tübingen: Katzmann, 1955.

Bovet, Theodor, *Von Mann zu Mann*, Berlin: Evangelische Verlagsanstalt, 1953.

Bräumer, Hansjörg, *Das erste Buch Mose. Kapitel 12–36*, (Wuppertaler Studienbibel), Wuppertal: R. Brockhaus Verlag, 1987.

Breuer, Herbert, *Ehevorbereitung mit einem Tag des Nachdenkens über Leben und Glauben. Narrative Arbeit in der theologischen Erwachsenenbildung*, St. Ottilien, EOS Verlag, 1995.

Brinkmann, Elfi/Hoffmann, Sandy (Hg.), *Handbuch sexuelle Gewalt*, Moers: Brendow, 2003.

Brown, Jeffrey, *Effects of Adventist Engaged Encounter on role expectations and growth in premarital relations*, Andrews University: unveröffentlichte Dissertation, 1992.

Dieterich, Michael, *Einführung in die allgemeine Psychotherapie und Seelsorge*, Wuppertal: R. Brockhaus, 2001.

Dieterich, Michael, *Persönlichkeitsdiagnostik*, Wuppertal: R. Brockhaus, 1997.

Dobson, Shirley/Dobson, James, *Andacht für zwei*, Holzgerlingen: Hänssler Verlag, 2003.

English, Fanita, *Es ging doch gut – was ging denn schief? Beziehungen in Partnerschaft, Familie und Beruf*, München: Chr. Kaiser Verlag, 1982.

Fowers, Blaine J./Montel, Kelly H./Olson, David H., *Predicting Marital Success for Premarital Couples Types Based on PREPARE*, *Journal of Marital Family Therapy*, 1996 Vol 22, No. 1, 103–119.

Frielingsdorf, Karl, *Dämonische Gottesbilder. Ihre Entstehung, Entlarvung und Überwindung*, Mainz: Matthias-Grünewald-Verlag, 2001.

Frielingsdorf, Karl, *Der wahre Gott ist anders. Von krankmachenden zu heilenden Gottesbildern*, Mainz: Matthias-Grünewald-Verlag, 1997.

Giesekus, Ulrich, *Glaub dich nicht krank! Befreites Christsein leben*, Wuppertal: R. Brockhaus, 2001.

Gottman, John M., *Die 7 Geheimnisse der glücklichen Ehe*, München: Ullstein, 2002.

Gottman, John M., *The Marriage Clinic: A Scientifically Based Marital Therapy*, New York: W. W. Norton, 1999.

Grawe, Klaus/Donati, Ruth/Bernauer, Friederike, *Psychotherapie im Wandel. Von der Konfession zur Profession*, Göttingen: Hogrefe, 1994.

Greeley, Andrew M., *Faithful Attraction: Discovering Intimacy, Love and Fidelity in American Marriage*, New York: Tom Doherty Associates, 1991.

Hallesby, Ole, *Dein Typ ist gefragt. Unsere Veranlagungen und was wir daraus machen können*, Wuppertal: R. Brockhaus, 1996.

Harder, Ulf, *Der Eheführerschein – Hilfe zur Ehevorbereitung. Prävention – ein Konzept der Kirche?*, Greifswald: unveröffentlichte Examensarbeit zum ersten theologischen Examen, Pommersche Landeskirche, 2003.

Harris, Thomas A., *Ich bin o.k. – du bist o.k.*, Reinbek: Rowohlt, 2002.

Jerusalem, Matthias/Weber, Hannelore, *Psychologische Gesundheitsförderung: Diagnostik und Prävention*, Göttingen: Hogrefe, 2003.

Joannides, Paul (Hg.), *Wild Thing. Sextips for Boys and Girls*, München: Goldmann, 1998.

Kiefer, Thomas, *Ehekatechese: Ein didaktisches Modell zur Ehevorbereitung und -begleitung*, Freiburg: Herder, 1995.

LaHaye, Tim/LaHaye, Beverly, *Wie schön ist es mit dir. Das Intimleben in der Ehe*, Asslar: Gerth Medien, 1999.

Lambert, Diana, *Prävention von Beziehungsstörungen im Kontext gesellschaftlicher Wandlungsprozesse*, Neuenhagen: CAB-Service, 2003.

Larsen, Andrea S., *Predicting early marital adjustment: A follow-up study using PREPARE and ENRICH*, Minneapolis: unveröffentlichte Dissertation, University of Minnesota, 1986.

Leben im Kontext e.V. (Hg.), *Der Beratungsführer 2003/2004*, Wuppertal: R. Brockhaus, 2002.

Littauer, Florence, *Einfach typisch! Die vier Temperamente unter der Lupe*, Asslar: Gerth Medien, 2002.

Mandel, Karl Herbert/Mandel, Anita/Stadter, Ernst, *Ehevorbereitung und junge Ehe: Psychologische Überlegungen*, München: Verlag J. Pfeiffer, 1972.

Marano, Hara Estroff/Gottman/Gray: The Two Johns, *Psychology Today* Vol 30 No 6, 1997.

Myrtek, Michael/Scharf, Christian, *Fernsehen, Schule und Verhalten*, Göttingen: Hans Huber Verlag, 2000.

Olson, David H./Olson, Amy, *Empowering Couples*, Minneapolis, USA: Life Innovations, 2000.

Olson, David H./Russell, Candyce S./Sprenkle, Douglas H., *Circumplex Model. Systemic Assessment and Treatment of Families*, New York: Haworth Press, 1989.

Oswald, Roy M. / Kroeger, Otto, *Personality Type and Religious Leadership*, Hendon, VA: The Albans Institute, 1992.

Piedmont, Ralph, *The Revised Neo Personality Inventory: Clinical and Research Applications*, Kluwer Academic Publisher, 1998.

Postman, Neil, *Wir amüsieren uns zu Tode. Urteilsbildung im Zeitalter der Unterhaltungsindustrie*, Frankfurt/M.: S. Fischer Verlag, 2003.

Premarital Guidance Taskforce, *Recommendations*, Washington, D.C.: Kircheninternes Dokument der Generalkonferenz der Siebenten-Tags-Adventisten, 1999.

Reinhardt, Heinrich J., *Die kirchliche Trauung, Ehevorbereitung, Trauung und Registrierung der Eheschließung im Bereich der Deutschen Bischofskonferenz. Texte und Kommentar,* Essen: Ludgerus-Verlag, 1990.

Rogers, Carl, *On becoming a person*, Boston: Houghron Mifflin Company, 1961 (deutsch: *Entwicklung der Persönlichkeit: Psychotherapie aus der Sicht eines Therapeuten*, 14., um ein Vorw. erw. Aufl., Stuttgart: Klett-Cotta, 2002).

Sanders, Rudolf, *Partnerschule ... damit Beziehungen gelingen. Grundlagen – Handlungsmodelle – Bausteine – Übungen. Erprobte*

Wege in Eheberatung und Paartherapie, Paderborn: Junfermann, 2000.

Sanders, Rudolf, *Zwei sind ihres Glückes Schmied: Ein Selbsthilfeprogramm für Paare*, Paderborn: Junfermann, 1998.

Schall, Traugott-Ulrich, *Eheberatung – konkrete Seelsorge in Familie und Gemeinde*, Stuttgart: Verlag W. Kohlhammer, 1983.

Schlegel, Leonhard, *Die Transaktionale Analyse*, Tübingen: Francke, 1995

Schmid, Holger, *Determinanten der Partnerwahl*, Neuenhagen: CAB-Service, 2004 (noch nicht erschienen).

Schulz von Thun, Friedemann, *Miteinander reden: Störungen und Klärungen. Allgemeine Psychologie der Kommunikation*, Reinbek: Rowohlt, 1981.

Stahmann, Robert F./Hiebert, William J., *Premarital and Remarital Counseling. The Professional's Handbook*, San Francisco: Jossey Bass, 1997.

Utsch, Michael, Fachkritik an Hellinger, in *Materialdienst* 4/03, Berlin: Evangelische Zentralstelle für Weltanschauungsfragen, 2003.

Utsch, Michael (Hg.), *Wenn die Seele Sinn sucht: Herausforderung für Psychotherapie und Seelsorge*, Neukirchen-Vluyn: Neukirchener Verlagshaus, 2000.

Wilchfort, David, *www.couplecoaching.de. Fitnesstraining für Ihre Partnerbeziehung*, München: Eigenverlag, 2001.

Willi, Jürg, *Die Zweierbeziehung*, Reinbek bei Hamburg: Rowohlt, 1975.

Willi, Jürg, *Was hält Paare zusammen? Der Prozess des Zusammenlebens in Psycho-ökologischer Sicht*, Reinbek bei Hamburg: Rowohlt, 1996.

Wright, H. Norman, *Ein guter Start zu zweit*. Das Andachtsbuch für junge Paare, Asslar: Gerth Medien, 2001.

Wright, H. Norman, *Gott zu zweit begegnen. 365 Andachten für Ehepaare*, Asslar: Gerth Medien, 2002.

Wright, H. Norman, *Premarital Counseling* (Revised), Chicago: Moody Press, 1981.

Ziemer, Jürgen, *Seelsorgelehre: Eine Einführung für Studium und Praxis*, Göttingen: Vandenhoeck & Ruprecht, 2000.

Andreas Bochmann/Ralf Näther

Sexualität bei Christen

Wie Christen ihre Sexualität leben
und was sie dabei beeinflusst

Empirische Studien und
Diskussionsbeiträge
144 S., Paperback mit Grafiken
ISBN 3-7655-1313-X

Was ist dran an der weitverbreiteten Ansicht, Christen seien
verklemmt und fänden meist wenig Freude und Erfüllung in
der Sexualität? In der Zeitschrift Family wurde ein anonymer Frage-
bogen veröffentlicht, den 1000 Leser ausgefüllt zurücksandten.
Diese Umfrage sowie eine empirische Studie mit Jugendlichen
über voreheliches Sexualverhalten haben zu überraschenden
Ergebnissen geführt: Christen genießen ihre Sexualität in der Ehe
tendenziell mehr als der durchschnittliche Erwachsene in den
deutschsprachigen Ländern.

Brunnen Verlag Giessen
www.brunnen-verlag.de

Gary Chapman / Randy Southern

Die fünf Sprachen der Liebe für Familien

2. Auflage

400 S., gebunden
ISBN 3-7655-1841-7

Wir können sicher sein: Nicht jeder in der Familie spricht und versteht dieselbe Sprache der Liebe. Für ein stabiles Familienleben ist es von grundlegender Bedeutung, dass wir die Sprache der anderen verstehen und gebrauchen lernen. Damit haben wir etwas Entscheidendes in der Hand, um:

- ein harmonisches Zusammenleben zu fördern
- die Bedürfnisse aller Familienmitglieder zu erfüllen
- Liebe auszudrücken
- Stress-Situationen zu meistern
- mit Zorn und Aggression umzugehen

So wird Ihr Familienleben stabiler, ausgeglichener und herzlicher! Bestseller-Autor Gary Chapman hat mit seinen Büchern schon vielen weitergeholfen. Hier finden Sie seine Ratschläge für Paare und für Eltern von Kindern und Jugendlichen. Das Wichtigste in einem Band!

Brunnen Verlag Giessen
www.brunnen-verlag.de